高等职业教育城市轨道交通通信信号技术专业系列教材

城轨信号图册

林瑜筠　编著

中国铁道出版社有限公司

2022 年·北 京

内 容 简 介

本图册为高等职业教育城市轨道交通通信信号技术专业系列教材之一，内容为城市轨道交通信号正线部分，具体包括设备布置图、各类电路图、配线图等，力求清晰、全面，有助于读者深入学习城市轨道交通信号设备工程应用相关知识，具有较强的实用性和针对性。

本图册可作为高等职业院校城市轨道交通通信信号技术专业的教材，也可作为从事城市轨道交通信号的工程技术人员和技术工人的学习资料，以及城市轨道交通技术培训用书。

图书在版编目(CIP)数据

城轨信号图册/林瑜筠编著. —北京:中国铁道出版社有限公司,2022.12

高等职业教育城市轨道交通通信信号技术专业系列教材

ISBN 978-7-113-29228-7

Ⅰ.①城… Ⅱ.①林… Ⅲ.①城市铁路-铁路信号-高等职业教育-教材 Ⅳ.①U239.5

中国版本图书馆 CIP 数据核字(2022)第 098907 号

书　　名: **城轨信号图册**
作　　者: 林瑜筠

策　　划: 吕继函
责任编辑: 张松涛　　**编辑部电话:** (010)83527746
封面设计: 尚明龙
责任校对: 安海燕
责任印制: 樊启鹏

出版发行: 中国铁道出版社有限公司(100054,北京市西城区右安门西街 8 号)
网　　址: http://www.tdpress.com/51eds/
印　　刷: 三河市燕山印刷有限公司
版　　次: 2022 年 12 月第 1 版　2022 年 12 月第 1 次印刷
开　　本: 787 mm×1 092 mm 1/16　**印张:** 7.625　**插页:** 16　**字数:** 263 千
书　　号: ISBN 978-7-113-29228-7
定　　价: 59.00 元

前　言

城市轨道交通(包括地下铁道和轻轨铁路)具有运量大、速度快、安全可靠、污染轻、受其他交通方式干扰小等特点,对解决城市交通拥挤、乘车困难、行车速度下降、空气污染等问题是行之有效的。因此,城市轨道交通是现代化都市所必需的交通方式。20 世纪 90 年代以来,我国城市轨道交通加快了建设步伐,尤其是进入 21 世纪,迎来了城市轨道交通建设的高潮。截至 2021 年底,除北京、上海、天津、重庆、广州、深圳、武汉、南京、杭州、宁波、厦门、青岛、沈阳、大连、长春、哈尔滨、成都、西安、苏州、无锡、福州、南昌、长沙、昆明、郑州、合肥、南宁、石家庄、佛山、东莞、贵阳、常州、徐州、济南、兰州、乌鲁木齐、呼和浩特、太原、温州、绍兴、洛阳、芜湖、金华等 43 个城市已建成规模和档次不同的地铁和轻轨并进行扩展和延伸外,还有南通等正在建设。我国香港、澳门、台北、高雄、桃园、新北也在运营城市轨道交通。城市轨道交通总里程已超过 8 000 km,居世界第一位,呈现着十分广阔的发展前景。

在城市轨道交通的各系统中,信号系统是非常重要和关键的系统,起着不可替代的作用。城市轨道交通的安全、速度、输送能力和效率与信号系统密切相关。信号系统不仅是城市轨道交通安全运行的保证,而且实际上已成为城市轨道交通调度指挥和运营管理的中枢神经。事实证明,选择合适的信号系统将产生显著的经济效益和社会效益。

学习城市轨道交通信号,需要通过阅图加深对于信号系统的理解。熟练阅读图纸,是从事城市轨道交通信号设计、施工、维护所必需的能力。为满足相关院校城市轨道交通通信信号专业的师生学习的需要,以及城市轨道交通技术培训的需要,编写本图册。

由于城市轨道交通信号系统制式纷杂,且各具特色,本图册不可能罗列各种制式,选取卡斯柯信号有限公司和交控科技有限公司的设备作为例子。各地各校在组织学习时,可根据实际情况予以补充。

图册中选用的是采用 LTE-M 的 CBTC 系统。转辙机,正线采用 S700K 型,车辆段采用 ZD6 型。轨道占用检查设备,采用计轴设备。图册中,设备布置和电路图力求完整。为节省篇幅,部分配线图用举例的方式,没有提供全部图纸。部分图纸尺寸过大,难以装订成册,采用电子稿的方式,读者可通过扫描二维码获取。C 站部分的电路图和配线图与 B 站部分相同,图册中没有列入。

本图册只包括正线部分,欲了解车辆段部分和试车线部分,请参阅《城市轨道交通信号图册》(中国铁道出版社有限公司 2020 年版,书号为 ISBN 978-7-113-26731-5)。

本图册由南京铁道职业技术学院林瑜筠编著,南京铁道职业技术学院赵德生、任远、王若昆、王锡奎,兰州交通大学纪明明参加编写。

由于我国城市轨道交通信号系统制式纷杂,资料难以搜集齐全,再加上编著者水平所限,时间仓促,图册中难免有疏漏和不妥之处,恳望读者批评指正,以不断提高本图册水平,为我国城市轨道交通事业的发展尽绵薄之力。

编著者

2022 年 4 月

目　　录

城轨信号图册说明

Ⅰ　信号设备平面布置图

一、信号设备平面布置图

联锁区包括集中站和所管辖的非集中站。

1. 信号设备平面布置图包括的内容

(1)联锁区管辖范围内的线路。

(2)线路两端部应以箭头表示其接车方向。

(3)所有联锁区范围内道岔的编号及定位状态,并标出每组岔尖坐标。

(4)信号机及发车指示器的名称、灯光配列及其坐标。

(5)紧急关闭按钮的名称及其坐标。

(6)轨道区段的划分,标出区段的名称、计轴器的名称及其坐标。

(7)应答器的名称及其坐标。

(8)AP 的编号及其坐标。

2. 信号机

(1)一般设于线路的右侧

城市轨道交通是右侧行车制,司机座位设在驾驶室的右边,所以地面信号机应设在列车运行方向的线路右侧。

(2)信号机的设置位置

①防护信号机

道岔区设防护信号机。防护信号机设于道岔岔前和岔后的适当地点,TDT_1、F_1、F_2、F_3、F_5。防护信号机一般应设引导信号。

②出站信号机

在正向出站方向设出站信号机,如图 01 中的(A)SC、(A)XC,(B)SC、(B)XC,(C)SC、(C)XC。

③阻挡信号机

线路尽头设阻挡信号机,如图 01 中的 Z_1、Z_2、Z_4。

(3)信号机命名

防护信号机,冠以“F”,下缀编号,下行方向编为单号,上行方向编为双号,从站内向站外顺序编号。

出站信号机按运行方向命名为 XC、SC。

阻挡信号机冠以“Z”,下缀编号,下行方向编为单号,上行方向编为双号,从站内向站外顺序编号。

(4)信号机的灯光配列

①防护信号机

防护信号机采用三显示机构，自上而下灯位为黄（或月白，下同）、绿、红。按设置位置，有不同的灯光配列。其中，F_1、F_2、F_5不允许直行，绿灯封闭；F_3没有侧向位置，不点单黄灯，黄灯仅作为引导信号用。

②出站信号机

出站信号机 XC 仅指示出站，采用二显示机构，自上而下灯位为绿、红。（A）SC 兼作防护信号机，采用三显示机构，自上而下灯位为黄、绿、红。

③阻挡信号机

阻挡信号机，二显示机构，绿灯封闭。

(5)信号显示意义

采用 CBTC 的轨道交通线路，除线路尽头的阻挡信号机常点红灯外，正线的所有信号机（含反向阻挡信号机）在 CBTC 模式下常态灭灯，只有在降级模式下点灯。

一般，三显示机构的绿灯点亮表示进行，开通直股；黄灯（或月白灯）表示进行，开通弯股；红灯表示停车。引导预告为黄（或月白）、红同时点亮。

3. 转辙机

城市轨道交通一般最高运行速度为 80 km/h，采用 9 号 AT 道岔，其为弹性可弯道岔，每组道岔需要两点牵引，即一组道岔需两台转辙机牵引。若采用 S700K 型或 ZDJ9 型电动转辙机，则第一、第二牵引点各用一台 S700K 型或 ZDJ9 型电动转辙机；若采用 ZYJ7 型电液转辙机，则第一牵引点用一台 ZYJ7 型主机，第二牵引点用一台 SH6 型转换锁闭器，也可采用第一、第二牵引点各用一台 ZYJ7-B 型电液转辙机。

4. 轨道区段的划分和计轴点的设置

(1)轨道区段的划分

轨道要隔离成互不干扰的独立的单元，以满足列车运行的需要。每个轨道单元称为轨道区段。

轨道区段划分的原则是：

①信号机的内、外方应划分为不同的区段。

②凡是能平行运行的进路，应将它们隔开，形成不同的轨道电路区段。

③有时为了提高咽喉区使用效率，把轨道电路适当划短，使道岔能及时解锁，立即排列别的进路。

④计轴器不同于轨道电路，不存在调整困难问题，每个轨道区段所包含的道岔，没有严格的限制，但必须保证列车从任何方向驶入轨道区段，都能检测出来。不管轨道区段包含多少组道岔，都只设一个轨道继电器。

⑤有岔站内轨道电路的划分首先要划分开上、下行线，即渡线两端要划分为不同的区段。然后满足上述原则。

(2)轨道区段的命名

无岔轨道区段冠以轨道“G”，前缀编号，按照上、下行运行线路顺序编号，下行线路编为单号，上行线路编为双号，如 1G、3G、……，2G、4G、……。

道岔区段以区段所包含的道岔命名。有一组道岔的以该道岔的号码编号，如 1DG、2DG；有两组道岔的以该两组道岔的号码编号，如 3-5DG、4-6DG。

(3)计轴点的设置

①计轴点在无岔区段的设置

对于无岔区段，在其两端各设一个计轴点。

②计轴点在道岔区段的设置

对于由一组单动道岔组成的轨道区段，在其岔前、岔后直向和岔后侧向各设一个计轴点，共需要 3 个计轴点。对于由两组单动道岔组成的轨道区段，在其岔前和每组道岔的岔后直向和岔后侧向各设一个计轴点。

渡线两端的道岔要划分为不同的轨道区段，所以渡线的中部有设一个计轴点。对于交叉渡线，如果渡线两端的道岔仍划分为两个轨道区段，则在每条渡线的中部各设一个计轴点。

对于交叉渡线，如果根据需要渡线两端的道岔要划分为4个轨道区段，即每个轨道区段只包含一组道岔，则在每条渡线的中部各设两个计轴点。

以上各种情况，每个轨道区段都只设一个轨道继电器。

(4)计轴点的命名

计轴点冠以"JZ"，下缀编号，按照上、下行运行线路顺序编号，下行线路编为单号，上行线路编为双号，如JZ_1、JZ_2、……。

(5)侵限计轴点

在道岔岔尖外方、警冲标内方须设置一定的安全距离，以防止因列车倒溜而导致的危险。例如，正线上岔尖外方的安全距离为7.8 m，警冲标内方的安全距离为11.2 m；存车线、折返线上岔尖外方的安全距离为5.2 m，警冲标内方的安全距离为8.6 m。

若计轴点位于安全距离内，则定义为侵限计轴点。在图01中，JZ_7、JZ_{10}等即为侵限计轴点。

(6)计轴点设置举例

在图01中，有用于联锁区分界处的计轴点，如JZ_1、JZ_2；有用于信号机处的计轴点，如JZ_3、JZ_6；有用于渡线的计轴点，如JZ_{12}、JZ_{14}；有用于缩短道岔保护区段的计轴点，如JZ_{17}、JZ_{25}，该计轴点距前方信号机100 m。

5. 应答器

(1)应答器的分类和编号

应答器(又称为信标)按用途分为动态初始化应答器(MTIB，或称轮径校正应答器)、重开应答器(VB，或称可变应答器)、预告应答器(IB，或称填充应答器)、无源应答器(RB，或称固定应答器)。MTIB用于列车初始化，进行轮径校正。VB位于信号机前，作为信号信标，主要用来反映信号机的显示。IB用来预告信号机的显示。RB主要用于列车定位。

VB统一编号，在本联锁区按上、下行顺序编号，下行线路编为单号，上行线路编为双号，如图01中的VB_2、VB_4、VB_6、……。

MTIB和RB统一编号，在本线路按照上、下行顺序编号，下行线路编为单号，上行线路编为双号，如图01中的RB_{676}、RB_{678}、$MTIB_{679}$、$MTIB_{681}$、……。

(2)应答器的设置原则

①车站站台及正线停车线、具有折返功能的折返轨设置固定应答器，用于精确停车；

②信号机前设置可变应答器作为主信号应答器；

③在分歧线路处设置固定应答器，用于实现点式控制模式下重定位；

④在正线上、下行每两三个区间的适当位置设置轮径校准应答器。

(3)定位停车应答器的设置

列车在车站停车需要精确定点，精确定点依靠一组地面应答器提供至停车点的距离信息。应答器设置的多少可视定位停车精度而异，一般为3~5个。如图01中，B站的下行站台的VB_9、RB_{707}、RB_{709}、RB_{711}、RB_{713}。

(4)应答器的设置举例

图01中，VB_1为(A)XC的重开信标，反映(A)XC信号机的显示；VB_3为F_1的重开信标，反映F_1信号机的显示。

$MTIB_{679}$、$MTIB_{681}$相隔21 m，构成初始化应答器组。

A 站上行站台的重开信标 VB_2 和无源应答器 RB_{698}、RB_{696}、RB_{694}、RB_{692}、RB_{690} 构成定位停车应答器组。

RB_{676}、RB_{678}、RB_{680} 等用于列车定位。

6. 发车指示器

在正向出站方向的站台侧列车停车位置前方适当地点设置发车指示器，如图 01 中的 TDT_1 和 TDT_2。

7. 站台紧急关闭按钮

在每侧站台的两端各设一个紧急关闭按钮，如图 01 中的 EMP_1 ~ EMP_4。

8. 无线通信设备的设置

在采用 LTE-M（地铁长期演进系统）的线路，由 RRU（射频拉远单元）通过漏泄电缆与列车通信。RRU 之间的距离为 600 ~ 700 m。这与线路的状况有关，如弯道等，需要根据场强决定。

二、信号室内设备布置图

1. 集中站的信号室内设备布置图

集中站的室内设备按设置位置分为：信号设备室设备、车站控制室设备、通号值班室设备。

信号设备室安装联锁机柜、计轴机柜、ZC 机柜、ATS 机柜、DCS 机柜、ODF 机柜、电源屏机柜、信号监测站机柜和采集机柜、接口柜、组合柜、防雷分线柜、SDM 工作站。

车站控制室安装 IBP 盘。

通号值班室安装维护操作站。

具体布置如图 02 所示。其中，接口柜、组合柜、防雷分线柜的数量与联锁区规模有关。

2. 非集中站的信号室内设备布置图

非集中联锁站信号设备室安装综合柜、电源屏、信号专用 FEP。车站控制室安装 IBP 盘。

具体布置如图 34 所示。

三、组合柜设备布置图

组合排列表表示各种设备所用组合类型及位置。组合排列表和组合柜的实际排列完全一致。

1. 组合类型

各信号集成商的组合类型不尽相同，即使同一信号集成商的组合类型也可能不一样。现以图册采用的组合类型举例介绍。组合包括：出站兼防护信号组合，防护、出站、阻挡、区间信号组合，出站、阻挡、区间信号组合，道岔组合，道岔辅助组合，轨道继电器组合，计轴复位组合，安全门组合，紧急关闭按钮组合，电源/采集组合。各种组合的名称和代号见表 I-1。

表 I-1　组合名称和代号

组合名称		组合代号	备　注
信号组合	出站兼防护信号组合	(C)FZX	一架信号机用
	防护、出站、阻挡、区间信号组合	FCZQX	两架信号机用
	出站、阻挡、区间信号组合	CZQX	三架信号机用

续上表

组合名称		组合代号	备　注
道岔组合	道岔组合	TD	
	道岔辅助组合	TDF_1	
	道岔辅助组合	TDF_2	
轨道继电器组合		GJ	
计轴复位组合		FWJ	
安全门组合		PSD	
紧急关闭按钮组合		EMP	
电源/采集组合		DY/CJ	

2. 组合排列

组合按种类排列，图 04 中 Z_1 排列信号组合，按上、下行方向排列。Z_2 排列安全门组合、紧急关闭按钮组合、电源/采集组合和零散组合。Z_3、Z_4 排列道岔组合，按上、下行方向排列。Z_5 排列轨道继电器组合和计轴复位组合。

四、计轴机柜柜内布置

计轴机柜用来安放计轴主机，B、C、D、E、F、G 层均为一个计轴主机。每个计轴主机最多可连接 5 个计轴点，相应作为 4 个轨道区段的条件采集。每个计轴机柜最多可连接 30 个计轴点。按顺序在计轴主机上安排计轴点和相应的轨道区段。

图 01 所示联锁区共有 34 个计轴点，需两个计轴机柜。本图册中只提供计轴机柜 JZ_1 的计轴机柜柜内布置图，如图 28 所示。

五、LEU 机柜布置

LEU 一般安装在 LEU 机柜中。本图册中 LEU 可安装在联锁机柜 C 中，就不需要 LEU 机柜了。

六、DCS 机柜布置

DCS 机柜和 ODF 柜布置如图 29 所示。此机柜为信号提供光通信通道，具体定义由通信专业提供。

七、接口柜布置

接口柜用来连接计算机联锁机柜和组合柜，分别按 LEU、联锁 A 机采集、联锁 A 机驱动、联锁 B 机采集、联锁 B 机驱动来分配接口柜端子板，如图 22 所示。

八、防雷分线柜布置

防雷分线柜用来连接接口柜和室外设备，每层可安装 13 块端子板，现多采用 6 柱端子板。零层安装电源端子和断路器。图 01 所示联锁区采用两个分线柜。1F 按发车计时器、信号机、道岔、计轴磁头分配端子板；1F 按应答器、RRU 电源、紧急关闭、安全门、站间联系分配端子板，如图 32 所示。

九、综合柜布置

在非集中联锁站设综合柜，用以安放分线层端子、站联组合、接口端子、LEU、发车计时器端子、串口转换器、HBU 等。零层安装电源端子和断路器。B 站综合柜柜内布置图如图 43 所示。

十、室外信号设备布置图

室外信号设备布置图不同于信号设备平面布置图，除了表示室外信号机灯光配列及位置外，还具体表示了转辙机、计轴设备、应答器、TDT、EMP、RRU、安全门的类型和位置，更突出地表示了电缆网路构成：电缆的走向、长度、类型、芯数，电缆的连接设备的类型和位置。

1. 电缆网路构成原则

(1)为防止相互干扰，室外信号机、转辙机、计轴设备、应答器、TDT、EMP、RRU、安全门用电缆芯线，分别单独构成电缆网路。

(2)从干线电缆出来要经过分支电缆、末端电缆，最后连接电缆终端用电缆盒和分线箱。干线电缆与分支电缆、分支电缆与末端电缆连接时要通过分线箱。

(3)电缆终端连接设备要安装在便于维修的线路一侧。信号机用电缆盒、分线箱要通过法兰盘、电缆保护管直接与信号机基础、机柱相连，所以必须安装在信号机一侧。转辙机用电缆盒和转辙机，应该选择安装在没有其他线路的一侧。若两侧都有线路，那就要避免放在行车繁忙的正线之间。

2. 电缆网路构成

(1)道岔电缆网路

举例联锁区有 6 组道岔，双机牵引，都在 A 站，采用五线制道岔控制电路。用 4 组电缆网路，1 号、2 号各为一组，由信号设备室防雷分线柜用一根电缆引至分线箱，再由分线箱各用一根电缆引至尖 1、尖 2 转辙机。3 号、5 号为一组，由信号设备室用一根电缆引至 CH3 分线箱，再由 CH3 分线箱用两根电缆引至 3 号的尖 1、尖 2 转辙机，用一根电缆引至 CH5 分线箱，再由 CH5 分线箱用两根电缆引至 5 号的尖 1、尖 2 转辙机。4 号、6 号为一组，情况同 3 号、5 号。

(2)信号机电缆网路

举例联锁区有 13 架信号机，分成 6 组。

F_1和(A)XC 为一组构成电缆网路，由信号设备室防雷分线柜用一根电缆引至 F_1的分线箱，再由分线箱用一根电缆引至 F_1信号机，用一根电缆引至(A)XC 的分线箱，由(A)XC 的分线箱用一根电缆引至(A)XC 信号机。

F_3、F_5和 Z_1为一组；(A)XC、F_1和 Z_4为一组；(B)XC 和(C)XC 为一组；(B)SC 和(C)SC 为一组。Z_2单独构成电缆网路。

(3)计轴电缆网路

信号设备室防雷分线柜用一根电缆引至由各计轴点的 TCB，再由 TCB 各用一根电缆引至接收器、发送器。

(4)应答器电缆网路

在集中站，信号设备室防雷分线柜用一根电缆引至由有源应答器 VB 的分线箱，再由分线箱用一根电缆引至应答器。在集中站，信号设备室综合柜用一根电缆引至由有源应答器 VB 的分线箱，再由分线箱用一根电缆引至应答器。

(5)发车计时器电缆网路

在非集中站，信号设备室防雷分线柜分别用一根电缆引至上、下行发车计时器；在非集中站，信号设备室综合柜分别用一根电缆引至上、下行发车计时器。

(6)紧急关闭及 IBP 盘电缆网路

在集中站，信号设备室防雷分线柜分别用一根电缆引至上、下行紧急关闭按钮，用一根电缆引至 IBP 盘。在非集中站，先由集中站防雷分线柜用一根电缆引至非集中站信号设备室综合柜，再分别用一根电缆引至上、下行紧急关闭按钮，用一根电缆引至 IBP 盘。

(7)RRU 光、电缆网路

对于 RRU 的光缆网路，由集中站信号设备室的光纤熔接盒各用一根光缆引至各 RRU 箱内的光纤终端盒。

对于 RRU 的电缆网路，RRU 分成 7 组。

RRU_{059}、RRU_{061}、RRU_{115}为一组构成电缆网路，由集中站信号设备室的防雷分线柜用一根电缆引至 RRU_{115}的分线箱，再由 RRU_{115}的分线箱用一根电缆引至 RRU_{115}箱，用一根电缆引至 RRU_{059}的分线箱，最后由 RRU_{059}的分线箱用一根电缆引至 RRU_{059}箱，用一根电缆引至 RRU_{061}。

RRU_{060}、RRU_{062}、RRU_{064}、RRU_{116}为一组；RRU_{063}、RRU_{065}、RRU_{067}为一组；RRU_{066}、RRU_{068}、RRU_{070}为一组构成电缆网路，与上述相同。

RRU_{057}、RRU_{058}、RRU_{069}单独构成电缆网路。

(8)安全门电缆网路

对于集中站，由信号设备室防雷分线柜按上、下行各用一根电缆引至本站的安全门设备室的防雷分线柜。

对于非集中站，由集中站信号设备室防雷分线柜按上、下行各用一根电缆引至非集中站的安全门设备室的防雷分线柜。

(9)LEU 电缆网路

LEU 电缆网路是集中站与非集中站之间的联系电缆，按上、下行各用一根电缆。

3. 电缆的表示方法

电缆用数字表示其长度、芯数和备用芯数。例如，210-12(4)，210 表示电缆长度为 210 m，12 表示为 12 芯电缆，(4)表示备用 4 芯，即该电缆实际使用 8 芯。还注明备用芯线为 Ⅰ—3 ~4，Ⅱ—3 ~4。Ⅰ、Ⅱ为 4 芯组号数；3 ~4 为芯组内芯线数。

Ⅱ　电路图

一、接口电路图

接口电路包括驱动电路和采集电路。输出接口(OUT)是驱动电路的；输入接口(IN)是采集电路的。

通常有多个接口，它们的驱动电路和采集电路是一样的，故采用电路图辅以配线表的方式。

1. 信号机驱动采集电路

信号机驱动采集电路如图 05 所示。其中(一)是采用(C)FZX 组合的信号机驱动采集电路，计算机联锁驱动 DDJ、LXJ、ZXJ，采集 DJ 前接点，包括防护信号机 F_1和出站兼防护信号机(A)SC。F_1不允许反方向直行，它的 ZXJ 不插。(二)是采用 FCZQX(1)，计算机联锁驱动 DDJ、LXJ、YXJ、ZXJ，采集 DJ、2DJ 前接点，包括防护信号机 F_2、F_3、F_5，F_2、F_5不允许反方向直行，F_3没有侧向位置，它们的 ZXJ 不插。(三)是 FCZQX(2)的信号机驱动采集电路，计算机联锁驱动 DDJ、LXJ，采集 DJ 前接点，包括阻挡信号机 Z_1、Z_2、Z_4。(四)是采用 CZQX 的信号机驱动采集电路，计算机联锁驱动 DDJ、LXJ，采集 DJ 前接点，包括出站信号机(B)SC、(B)XC、(C)SC、(C)XC。

在所附配线表中填写的是信号机名称、组合位置、至接口柜端子号(其他填写方式与此相同，以下不再赘述)。组合侧面端子号是固定的，如 LXJ 不插，则有关 LXJ 的不填。

2. 灯丝报警采集电路图

灯丝报警采集电路及配线图如图 08 所示。计算机联锁采集灯丝报警继电器 DSBJ 的前接点。

3. 道岔驱动及采集电路图

道岔驱动及采集电路图如图 09 所示。计算机联锁驱动定位操纵继电器 DCJ，反位操纵继电器 FCJ 和道岔驱动继电器 DCQDJ，采集 ZDBJ、ZFBJ 前接点，包括 1 号、2 号、3/6 号、4/5 号道岔。

4. 道岔动作电流采集电路图

道岔动作电流采集电路图如图 11 所示。交流电流互感器采集本集中站采集三相动作电流，送至总道岔电流采集传感器，总道岔电流采集传感器用 RS-485 与联锁维护台相连。

5. 计轴设备控制及联锁采集电路图

计轴设备控制及联锁采集电路图如图 12 所示。计轴机柜驱动轨道继电器 GJ，计算机联锁采集 GJ 前接点。

6. 计轴设备复位及驱动采集电路图

计轴设备复位及驱动采集电路图如图 13 所示。计算机联锁驱动复位继电器 FWJ，FWJ 前接点送入计轴机柜。

7. 紧急关闭控制及联锁采集电路图

集中站紧急关闭控制及联锁采集电路图如图 14 所示；非集中站紧急关闭控制及联锁采集电路图如图 36 所示。计算机联锁采集紧急关闭继电器 EMPJ 前接点。

8. 安全门控制及联锁驱动采集电路图

集中站安全门控制及联锁驱动采集电路图如图 15 所示；非集中站安全门控制及联锁驱动采集电路图如图 37 所示。计算机联锁驱动关门继电器 GMJ、开门继电器 KMJ，采集门关继电器 MGJ、门偏继电器 MPLJ 前接点。

9. 断路器报警采集电路图

集中站断路器报警采集电路图如图 16 所示，非集中站断路器报警采集电路图如图 38 所示。计算机联锁采集断路器报警继电器 RSBJ 及其复示继电器 RSBJF 前接点。

10. CI 系统电源接口电路图

CI 系统电源接口电路图如图 17 所示。计算机联锁驱动联锁系统电源 A 继电器 SYSA、联锁系统电源 B 继电器 SYSB、控制电源继电器 KZKFJ，采集 SYSA、SYSB 前接点。

11. 信标编码继电器（LEU）接口电路图

集中站信标编码继电器（LEU）接口电路图如图 18 所示；非集中站信标编码继电器（LEU）接口电路图如图 39 所示。各有关编码继电器前接点通过接口柜接入 LEU。

二、信号机点灯电路图

信号机点灯电路图如图 06 所示。其中（一）是阻挡信号机点灯电路图，包括 Z_1、Z_2、Z_4，它们只有红灯显示，绿灯封闭。（二）是出站信号机（A）XC 点灯电路图，采用 FCZQX 组合，它有绿灯、红灯显示。（三）是出站信号机点灯电路图，采用 CZQX 组合，包括（B）SC、（B）XC、（C）SC、（C）XC，它有绿灯、红灯显示。（四）是出站兼防护信号机（A）SC 点灯电路图，采用（C）FZX 组合，它有绿灯、黄灯、红灯显示。（五）是防护信号机 F_1点灯电路图，采用（C）FZX 组合，它不允许反方向直行，绿灯封闭，有黄灯、红灯显示。（六）是防护信号机 F_3点灯电路图，采用 FCZQX 组合，它没有侧向位置，不点单黄灯，黄灯仅作为引导信号用，有绿灯、红灯显示。（七）是防护信号机 F_2、F_5点灯电路图，采用 FCZQX 组合，不允许直行，绿灯封闭，有黄灯、红灯显示。

三、灯丝报警电路图

灯丝报警采集电路及配线图如图 08 所示。各采集板的报警继电器 BJ 平时落下，用它们的后接点接通灯丝报警继电器 DSBJ 电路。各采集板采集相关信号机的灯丝继电器接点，有信号机的灯丝断丝时，使该采集板的报警继电器 BJ 吸起，断开 DSBJ 电路，使之落下，予以报警。

四、道岔控制电路图

正线道岔采用 S700K 型、ZYJ7 型、ZDJ9 型交流转辙机，为五线制道岔控制电路。五线制道岔控制电路分为道岔启动继电器电路和转辙机控制电路。图 10 中（一）为道岔启动继电器电路，图 10 中（二）为 S700K 型转辙机控制电路，图 10 中（三）为 ZDBJ、ZFBJ 电路。正线道岔均为两点牵引，各牵引的道岔启动表示电路都相同。

1. 五线制道岔控制电路概述

一组单动道岔有两个牵引点，分别用 TDF_1、TDF_2，两者电路基本相同，只是在 TDF_1 中有 ZBHJ 电路。图 10 中（二）所附表格中标明各道岔的 CT、TDF_1、TDF_2 位置。

五线制道岔控制电路也由启动电路和表示电路组成。道岔动作电源为三相交流 380 V 电源，由启动电路完成对转辙机的转换。为了对三相交流电源进行监督，设置了断相保护器和保护继电器。表示电路则采用二极管与表示继电器并联的旁路控制电路，取消了滤波电容器，提高了电路的可靠性。

五线制道岔控制电路分为道岔启动电路和道岔表示电路。图 10 中（二）为 S700K 型电动转辙机控制电路图，是定位时 1、3 排接点闭合的情况。若定位时 2、4 排闭合，需将 X2 与 X3、X4 与 X5 互换，二极管 Z 颠倒极性。现以定位 1、3 排接点闭合为例，介绍其电路原理。

2. 道岔启动继电器电路

三相交流转辙机启动电路采用两个启动继电器，通过三级控制电路完成对道岔转换的控制。第一级控制是 1DQJ 励磁电路，它检查联锁条件，确定能否接收控制命令，即检查没有办理单独锁闭，也未进行区段锁闭和进路锁闭，又经 2DQJ 接点检查道岔需转换后，经 DCJ 吸起或 FCJ 吸起后励磁。第二级控制是 2DQJ 转极电路，确定道岔的转换方向。1DQJ 吸起后使 2DQJ 转极。1DQJ 吸起、2DQJ 转极后接通道岔动作电路。第三级控制是 1DQJ 自闭电路，用来检查电动机的动作电路的正常动作。

道岔启动继电器电路包括 1DQJ 励磁电路和自闭电路、2DQJ 转极电路、1DQJF 电路。

（1）1DQJ 电路

1DQJ 的 3-4 线圈励磁电路由 DCJ 吸起或 FCJ 吸起以及 DCQDJ 吸起后接通。1-2 线圈自闭电路，由 BHJ 第 3 组前接点和 QDJ 第 2 组前接点接通。当三相电流无电或三相缺相时，BHJ 落下，断开 1DQJ 自闭电路；当另一牵引点的 BHJ 落下时，使 QDJ 落下，也断开 1DQJ 自闭电路。

（2）1DQJF 电路

当 1DQJ 吸起后，经 1DQJ 第 3 组前接点接通 1DQJF 励磁电路。因 1DQJ 接点不够用，故增设其复示继电器 1DQJF。

（3）2DQJ 电路

当 1DQJF 吸起后，2DQJ 分别经 DCJ 或 FCJ 前接点接通，而转极。

3. 道岔启动电路

（1）断相保护器和保护继电器

为防止在三相电源缺相情况下三相电动机缺相运行而烧毁，设置了断相保护器 DBQ 和保护继电器 BHJ。三相电动机得到三相电源而正常工作时，BHJ 吸起。道岔转换到位后，由于三相负载断开，BHJ 落下。只要三相电源缺一相，就使 BHJ 落下，断开 1DQJ 电路，进而断开电动机三相电源。

①DBQ 工作原理

DBQ 接线如图 Ⅱ-1 所示，其内有三个电流互感器，它们的一次侧分别串联在三相电路中，二次侧首尾相联再接以桥式整流，输出端接 BHJ。

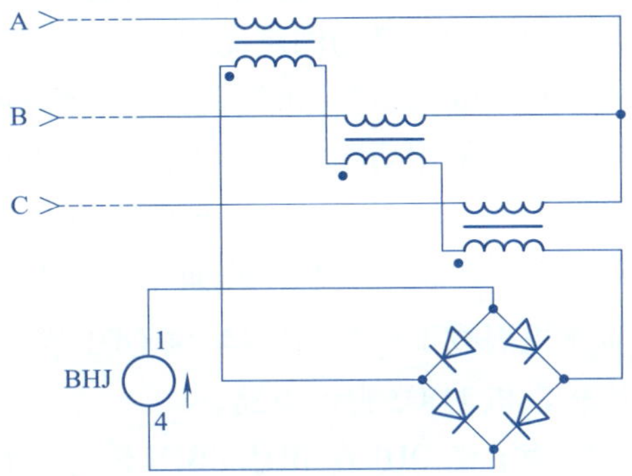

图 Ⅱ-1　DBQ 接线图

电流互感器工作在磁饱和状态，二次侧除基波外，还含有高次谐波分量，二次侧电流波形是一个削顶的正弦波，如图 Ⅱ-2 所示。削顶的波形只含奇次谐波，且频率越高，幅值越小。这里主要利用三次谐波。三基波叠加后，$\dot{U}_1=\dot{U}_{A1}+\dot{U}_{B1}+\dot{U}_{C1}=0$；而三次谐波同相，且 $U_{A3}=U_{B3}=U_{C3}$，叠加后 $U_3=3U_{A3}$，再经桥式整流后输出直流电，使 BHJ 吸起。出现断相故障时，若 B 相断电，则为 A、C 两相供电，经两电流互感器构成一个回路，如图 Ⅱ-3 所示。线电压加至两电流互感器一次侧，两二次侧电压反向串联，$U_A-U_C=0$，桥式整流无输出，使 BHJ 落下，从而断开 1DQJ 电路和三相电动机电路。

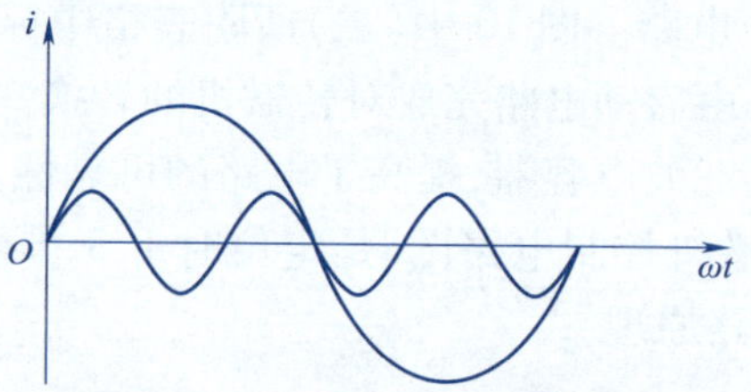

图Ⅱ-2 电流互感器二次侧电流波形

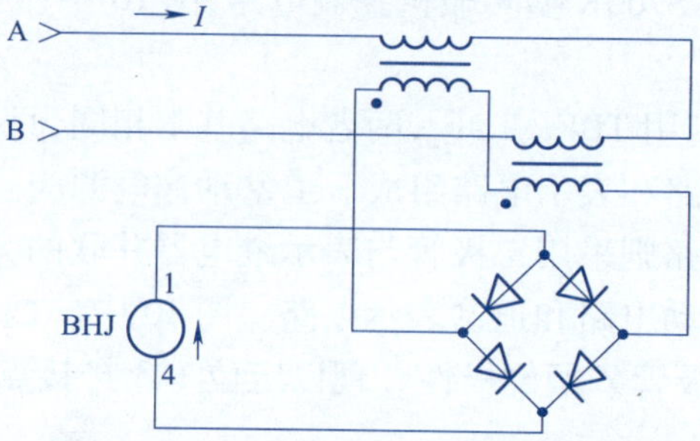

图Ⅱ-3 一相断电时的 DBQ 电路图

断相保护器在使用中经常发生整流二极管击穿，造成非断相时 BHJ 不吸起的故障，影响了设备的正常使用。故障原因是电路启动时存在瞬间峰值电压所致。于是改用耐压较高的二极管，加大输入滤波电容器 C_1 的容量（1 μF/160 V 改为 3 μF/160 V），在输出端加装滤波电容器 C_2（1 μF/160 V）。改进后的 DBQ 电路如图Ⅱ-4 所示，其工作稳定可靠。

②总断相保护继电器电路

在多机牵引的情况下，设总断相保护继电器 ZBHJ，以监督各转辙机的全部开始转换和全部转换到底。ZBHJ 平时落下，当第一、第二牵引点都开始工作时，两 BHJ 均吸起，ZBHJ 吸起并自闭。当两牵引点都转换完毕时，两 BHJ 落下，断开 ZBHJ 电路，使之落下。在道岔转换前，只要有一个 BHJ 因故落下，ZBHJ 不会吸起。将 ZBHJ 的前接点串入 1DQJ 的 1-2 线圈电路，以保证两牵引点转辙机的同步动作。

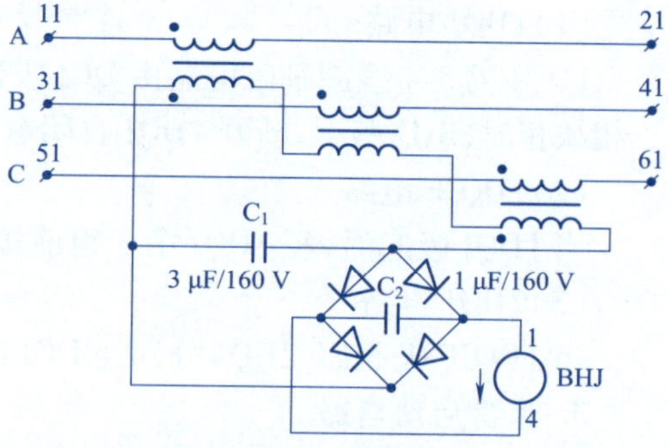

图Ⅱ-4 改进型 DBQ 电路

对于双动道岔，每端设一个总断相保护继电器。

也有采用切断保护继电器 QDJ 的情况，QDJ 用于对多机牵引的所有转辙机全部开始转换和全部转换到底的监督。每台转辙机设一台。QDJ 平时通过两个牵引点的保护继电器 BHJ 后接点保持吸起。当两牵引点转辙机开始转换时，两 BHJ 吸起，使总保护继电器 ZBHJ 吸起，通过 ZBHJ 前接点沟通 QDJ 的另一条励磁电路和自闭电路，使 QDJ 一直保持吸起。若有任一牵引点转辙机因故不能开始转换，则 QDJ 落下，接在本转辙机 1DQJ 自闭电路中的 QDJ 前接点断开该电路，起到切断保护作用。在所有转辙机都转换到位后，QDJ 也落下，断开该转辙机 1DQJ 自闭电路。

为了使 QDJ 在 BHJ、ZBHJ 继电器在接点转换过程中能可靠吸起，在其 1-2 线圈励磁电路上并联了 RC 电路，以获得缓放。

（2）电动机动作电路

当 1DQJ、1DQJF 吸起，2DQJ 转极时，构成电动转辙机动作电路。

道岔由定位向反位动作时，三相电源 A、B、C，经 $RD_1 \sim RD_3$ 进入断相保护器 DBQ，分别由外线 X1、X3、X4 向三相电动机送电：

电源 A—RD_1—$DBQ_{11\text{-}21}$—$1DQJ_{12\text{-}11}$—电动机 W 线圈；

电源 B—RD_2—$DBQ_{31\text{-}41}$—$1DQJF_{12\text{-}11}$—$2DQJ_{111\text{-}113}$—电动转辙机接点 11-12—电动机 U 线圈；

电源 C—RD_3—$DBQ_{51\text{-}61}$—$1DQJF_{22\text{-}21}$—$2DQJ_{121\text{-}123}$—电动转辙机接点 13-14—遮断开磁 K—电动机 V 线圈。

电动机相序为 W-U-V，其逆时针方向转动，带动尖轨向反位移动。转换到定位时，第一排接点断开，BHJ 落下，断开 1DQJ 的自闭电路，1DQJ、1DQJF 落下，接通反位表示电路。

道岔由反位向定位动作时，三相电源分别由外线 X1、X2、X5 向三相电动机送电。

电源 A—RD_1—$DBQ_{11\text{-}21}$—$1DQJ_{12\text{-}11}$—电动机 W 线圈；

电源 B—RD_2—$DBQ_{31\text{-}41}$—$1DQJF_{12\text{-}11}$—$2DQJ_{111\text{-}112}$—电动转辙机接点 43-44—遮断开关 K—电动机 V 线圈；

电源 C—RD_3—$DBQ_{51\text{-}61}$—$1DQJF_{22\text{-}21}$—$2DQJ_{121\text{-}122}$—电动转辙机接点 41-42—电动机 U 线圈。

电动机相序为 W-V-U，其顺时针方向转动，带动尖轨向定位移动。转换到定位时，第四排接点断开，BHJ 落下，断开 1DQJ 自闭电路，1DQJ、1DQJF 落下，接通定位表示电路。

每相动作电路中均接入断路器，容量为 5 A，起过载保护作用。2DQJ 的两组接点用于区分定、反位动作方向，对 B、C 相起到换相作用，使三相电动机正转或反转。进行转辙机内部检修或需人为切断动作电路时，可以断开遮断开关 K，使 BHJ 不能吸起或由吸起转为落下，道岔就不能转换，保证了人身安全。

以上介绍了 S700K 型电动转辙机控制电路。ZDJ9 型电动转辙机控制电路与之相同。ZYJ7 型电液转辙机动作电路与之有所不同，主要是考虑双机同步，控制电路需分别使用主、副机接点。第二牵引点不需主机，也就不需要 TDF 组合了。当主、副机动作不同步时，如主机先转换到位，虽然其动作接点已断开，但仍能经另一排接点和副机的动作接点接通电源，使副机未转换到位前，主机中的三相电动机仍能继续转动。

4. 道岔表示电路

(1)表示电路概述

三相交流转辙机的表示电路和四线制道岔控制电路一样，也是利用一对回线传递三个信息(道岔的定位、反位和四开)的“交流半波整流三值极性电路”，但其采用的不是二极管与继电器串联的直接控制电路，而是二极管与继电器并联的旁路控制电路。

S700K 型电动转辙机表示电路取消了电容器，表示继电器靠线圈的自感电势来渡过半波整流造成的无电的半周，从根本上解决了由于电容器材质不良造成的电容器损坏，以及电容器产生的倍压对二极管的损坏而造成的表示电路惯性故障。但由于动作电源的混入，以及电动机产生的自感电势串入会产生高电压、大电流，因此在表示电路中串入的较大阻值的 R_1 电阻(1 000 Ω/75 W)，二极管改用 2CZ57D(600 V/5 A)的大功率二极管，二极管上串有电阻 R_2(300 Ω/50～70 W)。

(2)定位表示电路

道岔定位，电源正半周电路为：

BB_3—$R_{1\ 1\text{-}2}$—$1DQJ_{23\text{-}21}$—$2DQJ_{131\text{-}132}$—$1DQJF_{13\text{-}11}$—$2DQJ_{111\text{-}112}$—转辙机接点 33-34—15-16—$Z_{2\text{-}1}$—$R_{2\ 2\text{-}1}$—转辙机 36-35—电动机线圈 V—电动机线圈 W—$1DQJ_{11\text{-}13}$—BB_4。

电源负半周电路为：

BB_3—$R_{1\ 1\text{-}2}$—$1DQJ_{23\text{-}21}$—$2DQJ_{131\text{-}132}$—$DBJ_{4\text{-}1}$—转辙机接点 11-12—电动机线圈 U—电动机线圈 W—$1DQJ_{11\text{-}13}$—BB_4。

在电源正半周，经整流二极管构成回路，电能消耗在电阻 R_1、R_2 上；在电源负半周，二极管不导通，使 DBJ 吸起。DBJ 检查了电动转辙机的定位接点的接通。

(3)反位表示电路

电源负半周电路为：

BB_3—$R_{1\ 1\text{-}2}$—$1DQJ_{23\text{-}21}$—$2DQJ_{131\text{-}133}$—$1DQJF_{23\text{-}21}$—$2DQJ_{121\text{-}123}$—转辙机接点 23-24—45-46—$R_{2\ 1\text{-}2}$—$Z_{1\text{-}2}$—25-26—转辙机接点 26-25—电动机线圈 V—电动机线圈 W—$1DQJ_{11\text{-}13}$—BB_4。

电源正半周电路为：

BB_3—$R_{1\ 1\text{-}2}$—$1DQJ_{23\text{-}21}$—$2DQJ_{131\text{-}133}$—$FBJ_{1\text{-}4}$—转辙机 41-42—电动机线圈 U—电动机线圈 W—$1DQJ_{11\text{-}13}$—BB_4。

在电源负半周，经整流二极管构成回路，电能消耗在电阻 R_1、R_2 上；在电源正半周，二极管不导通，FBJ 吸起。FBJ 吸起检查了电动转辙机的反位接点的接通。

(4)表示电路分析

五线制道岔控制电路中,定位表示电路用外线 X1、X2、X4,反位表示电路用外线 X1、X3、X5。综合电动机动作电路,可见,X1 是启动、表示、定位、反位的共用线;X2、X3 是启动、表示的交叉共用线,定位向反位启动及反位表示用 X3,反位向定位启动及定位表示用 X2;X4 则是定位启动和表示共用线;X5 是反位启动和表示的共用线。

在表示电路中,检查了 1DQJ 和 1DQJF 的后接点。道岔被操纵时,1DQJ 及 1DQJF 吸起,断开表示继电器电路。当道岔动作到位,1DQJ 及 1DQJF 落下后,接通表示继电器电路。

DBJ 电路检查了 2DQJ 的定位接点,FBJ 电路检查了 2DQJ 的反位接点,其作用是为了检查启动电路与表示电路动作的一致性。DBJ 电路检查了转辙机的第 1、3 排接点各两组,FBJ 电路检查了第 2、4 排接点各两组,是为了检查道岔和转辙机的工作状态,如不正常则不能给出表示。

道岔表示电路还检查了三相电动机每相线圈的完好,即一旦线圈断线,道岔将失去表示。

R_1电阻主要是防止室外负载短路时保护电源不被损坏。R_2电阻的作用:一是当道岔转换到位时,防止动作电源击穿二极管;二是防止外线短路时当道岔转换到位后因电动机反转使道岔逆转解锁。

(5)总道岔表示继电器电路

提速道岔由多台转辙机牵引时,无论是单动道岔还是双动道岔,总的道岔表示继电器 DBJ(FBJ)要经所有各转辙机的 DBJ(FBJ)前接点构成励磁电路。

ZYJ7 型电源转辙机的表示电路室内部分与 S700K 型电动转辙机的表示电路相同,只是双点牵引的室外部分必须检查 SH6 型转换锁闭器的接点。

五、紧急关闭控制电路图

集中站紧急关闭控制及联锁采集电路图如图 14 所示,由站台上的紧急关闭按钮 EMP 和综合后备盘上的紧急关闭按钮 EMP 控制紧急关闭继电器 EMPJ。按上、下行方向分设两个 EMPJ。它们平时吸起,一旦发生紧急情况,只要其电路中有一个 EMP 被破封按下,该 EMPJ 就落下。EMPJ 落下后,计算机联锁采集其状态,关闭相应的信号机,同时点亮综合后备盘上的相应方向的紧急关闭表示灯,并使电铃鸣响,进行声光报警。车站值班员注意到这一情况后,可破封按下综合后备盘上的紧急关闭恢复按钮 EMPFA,可使 EMPJ 吸起,停止报警。紧急情况解除且 EMP 闭合后,电路恢复正常。

六、安全门控制电路

集中站安全门控制及联锁驱动采集电路图如图 15 所示。计算机联锁驱动上、下行的关门继电器 GMJ 和开门继电器 KMJ,分别用它们的前接点接通安全门设备室的上、下行的 GMJ、KMJ 电路,发出关门或开门指令;分别用安全门设备室的门关继电器 MGJ、门偏继电器 MPLJ 前接点接通信号设备室的上、下行的 MGJ、MPLJ 电路,以获得安全门的状态。

七、断路器报警电路图

集中站断路器报警、采集电路及配线图如图 16 所示;非集中站断路器报警电路及配线图如图 38 所示。每一组合柜及接口柜设有组合报警断路器,它汇集各组合侧面和组合零层断路器的报警条件,接至断路器报警继电器 RSBJ 线圈。

八、与非集中站信标编码站间联系电路图

集中站与非集中站信标编码站间联系电路图如图 19 所示,分别用设在集中站信号设备室的 A 站的(B)XC LXJ、(B)XC DDJ、(B)SC LXJ、(B)SC DDJ 前接点接通设在非集中站信号设备室的 B 站的它们的复示继电器(B)XC LXJF、(B)XC DDJF、(B)SC LXJF、(B)SC DDJF 电路。用这些复示继电器的前接点构成信标编码条件。

Ⅲ 配线图表

一、接口柜配线图

接口柜是计算机联锁采用继电器接口的特有设备。它是联锁机采集、驱动电路与组合柜接口之处，所有的驱动继电器和采集的继电器接点均在此处通过计算机用电缆与联锁机的采集板、驱动板相连。

接口柜设有接口柜端子，其前面是40芯（通号是36芯，铁科和交大微联是32芯，卡斯柯是40芯）插座，用以安插计算机用电缆的插头；背面是压线端子，用以接入从组合柜来的导线以及采集板、驱动板的DC24V端子。

接口柜用JK编号，最多10层，自上而下编号。每层有01～14，共14块端子板。从接口柜背面看，01～14，从左向右顺序排列。每块端子板，端子自上而下为1～40。

集中站接口柜零层端子配线图如图23所示，安装4柱电源端子板和断路器板。从电源屏引来KZ、KF、KZ（LEU）、KF（LEU）；从计算机联锁引来两路Z24V、F24V、KZ-VRDB-Q、KF-VRDB-Q。这些电源经过断路器，再通过D_{12}端子板送至接口柜的各层。

集中站接口柜端子配线图如图24所示。本图册中只有JK_2、JK_3、JK_4的配线图。为节省篇幅，未有JK_6、JK_7的配线图，它们与JK_3、JK_4一样。

端子板上表面每个端子接入的驱动码位名称、组合柜端子号、至联锁机的24芯电缆芯线号、联锁机I/O号。

二、组合柜配线图

组合柜配线包括：组合内部配线、组合柜零层配线、组合侧面端子配线。

1. 组合内部配线图

组合内部配线图如图25所示。组合内部配线图表示组合中各继电器线圈、接点以及断路器与组合侧面端子之间的配线关系。

为节省篇幅，本图册以（C）FZX组合内部配线图为例。

2. 组合柜零层配线图

集中站组合柜零层端子配线图如图26所示。组合柜零层指第1层，即最下边的一层，或者第10层，即最上边的一层。每柜的零层能排12块端子板。从组合柜前面看，端子板号从左向右顺序编为D_1～D_{12}。组合柜零层安装4柱电源端子板和断路器板。D_1～D_5为4柱端子板，主要接由电源屏引来各种用途的电源母线；D_6～D_{10}为4柱断路器板，接各种电源母线的断路器。D_1～D_{10}的端子号由上向下顺序编为1～4。

各种电源引至4柱电源端子板，再经断路器，通过D_{12}端子板送至组合柜的各层。

组合柜零层配线有信号组合、EMP/PSD/DY/ZL/LS组合、道岔组合、GJ/FWJ组合四种定型配线。

组合柜零层端子的编号是组合柜号加零层端子号。例如，Z_1-D_2-1指的是一柜零层D_2端子板的1号端子，这里的Z指的是组合柜。

3. 组合侧面端子配线图

集中站组合侧面端子配线图如图27所示。每个组合柜需要一张组合侧面端子配线图，为节省篇幅，本图册以Z_1组合侧面端子配线图为例。

组合侧面端子除用于与其他组合、本组合零层端子的连接外，还与接口柜、防雷分线柜、灯丝报警主机进行配线联系。接口柜端子以JK- 表示，分线柜端子以F- 表示，灯丝报警主机端子以CJ- 表示。本组合内的，省写组合号。在本组合柜的，可以省写组合柜号。

06作为电源端子板。本组合柜内的各组合的同种电源要相连，称为环连。

三、防雷分线柜配线图

防雷分线柜有6柱和18柱端子板两种。本图册采用6柱端子板。集中站防雷分线柜端子配线图如图33所示。

防雷分线柜可安装 10 层分线盘,从下向上顺序编为 0 ~ 9。每层安装 13 块 6 柱端子板。站在室内配线侧(即防雷分线柜正面)看,每层端子板从左向右顺序编号。行和列的数目可根据需要减少。用数字给分线柜的任一端子编号。例如 1F-201-1 表示第一个防雷分线柜第二层第一块端子板的第一个端子。

防雷分线柜零层能排 12 块端子板。从前面看,端子板号从左向右顺序编为 D_1 ~ D_{13}。组合柜零层安装 4 柱电源端子板和断路器板。

1F-0 的 D_1 ~ D_4 为 4 柱端子板,主要接由电源屏引来各种用途的电源母线;D_5 ~ D_8 为 4 柱断路器板,接各种电源母线的断路器。D_1 ~ D_{12} 的端子号由上向下顺序编为 1 ~ 4,如图 33(一)所示。

2F-0 的 D_1 ~ D_4 为 4 柱端子板,主要接由电源屏引来各种用途的电源母线;D_5 ~ D_{12} 为 4 柱断路器板,接各种电源母线的断路器。D_1 ~ D_{12} 的端子号由上向下顺序编为 1 ~ 4,如图 33(五)所示。

1F-1 为 TDT 的配线,用图示,如图 33(一)所示。

其他各层每块端子板配线表的左上方小格内写着该端子板在该层内的编号。在对应每个端子号旁边的两个小格内,写着每个端子上两根导线的去向和用途,上面一格是室外电缆芯线名称,下面一格是连接的组合侧面端子。

例如,1F-201-1,端子左侧上面写"F_1-U",表明是 F_1 信号机的 U 控制芯线,下面写"Z_1-1005-1",表明另一根导线连向 Z_1-10 组合侧面 05-1 端子。

四、综合柜端子配线图

非集中站综合柜端子配线图如图 44 所示。

综合柜零层 ZH-0 排了 10 块端子板,D_1 ~ D_5 为 4 柱端子板,主要接由电源屏引来各种用途的电源母线;D_6 ~ D_{10} 为 4 柱断路器板,接各种电源母线的断路器。D_1 ~ D_{12} 的端子号由上向下顺序编为 1 ~ 4。

综合柜 ZH-1 用于 EMP、应答器,ZH-2 用于站联,它们采用 6 柱端子板,安装 13 端子板。它们的配线方式同防雷分线柜。

综合柜 ZH-5 为两个 40 柱端子板,用于连接 LEU 主机端子。

综合柜 ZH-8 为 TDT 的配线,用图示,如图 44(四)所示。

五、电源电缆配线图

1. 电源原理示意图

集中站电源原理示意图如图 20 所示。该图表示了各设备之间的电源联系,用带箭头的线条表示送电方向,在线条上标明电源种类。

2. 电源环线配线图

集中站电源环线配线图如图 21 所示。电源环线配线图表明了电源屏与室内其他设备间的配线,包括与组合柜、接口柜、DCS、JZ 机柜、联锁机柜、LATS 机柜、ZC 机柜、维护工作站的配线。

图 21 左边部分,电源屏的电源首先引至距离最近的组合柜,然后经全站各机柜,再引回到电源屏的输出端子,形成环状供电。即全站通用的电源都要与电源屏端子"双环"。电源屏的电源首先引至距离最近的组合柜,然后经全站各机柜,不再回到电源屏的输出端子,不需首尾相环,称为"单环"。

电源端子的环连用细线连接的黑点表示(如无黑点,表示该机柜不需要这种电源)。

非集中站电源环线配线图如图 40 所示。表明了电源屏与综合柜、信号专用通信前置机的配线。

六、机柜柜间信息配线图

集中站机柜柜间信息配线图如图 30 所示。该图表示信号设备室的 DCS 机柜与 ODF 机柜、联锁机柜、ZC 机柜、ATS 机柜、SDM 工作台之间的信息配线，DCS 机柜与车控室的工作站的信息配线，ATS 机柜与 TIAS 设备室的综合监控机柜的信息配线，SDM 工作台与信号维护工作站的信息配线，综合监控机柜与信号维护工作站的信息配线。

非集中站柜间信息配线图如图 41 所示。该图表示信号设备室的信号专用通信前置机与该图表示信号设备室的以太网交换机的信息配线。

各条配线上标明网线的类型。

七、信号设备室内地线连接示意图

集中站信号设备室内地线连接示意图如图 31 所示；非集中站信号设备室内地线连接示意图如图 42 所示。两图表示各机柜地线以及防静电地板与信号设备室弱电综合接地端子板的连接。

八、室外设备配线图

为了便于设计和维修，各种室外信号设备占用分线箱端子、电缆盒端子以及设在箱、盒内的信号器材的位置都是固定的，而经过箱、盒连接其他信号设备的电缆芯线则顺序占用剩余的端子。

1. 信号机室外箱盒内部配线图

信号机室外箱盒内部配线图如图 46 所示。信号机室外配线箱盒内部配线图包括三显示、二显示两种。

2. 转辙机室外箱盒内部配线图

转辙机室外箱盒内部配线图如图 47 所示。该图表示了转辙机内部配线、终端电缆盒内部配线。

3. 计轴室外箱盒内部配线图

计轴室外箱盒内部配线图如图 48 所示。该图表示了计轴磁头与轨旁连接盒的联系、轨旁连接盒内部配线。

4. 应答器室外箱盒内部配线图

应答器室外箱盒内部配线图如图 48 所示。该图表示了应答器与分线箱的配线联系。

5. 紧急关闭室外箱盒内部配线图

紧急关闭室外箱盒内部配线图如图 49 所示。该图表示了紧急关闭按钮盒的内部配线。

6. 发车计时器室外箱盒内部配线图

发车计时器室外箱盒内部配线图如图 49 所示。该图表示了发车计时器的内部配线。

7. RRU 室外箱盒内部配线图

RRU 室外箱盒内部配线图如图 50 所示。该图表示了 RRU 箱与分线箱的配线联系、RRU 箱与耦合单元的配线联系、熔纤盒内部的配线。

九、室外电缆配线图

室外电缆配线图以示意图的形式，表示室外电缆与电缆网路连接设备——分线箱和电缆盒连接的情况，即在室外电缆网路图的基础上，详细标注分线柜、电缆盒和分线箱的接线端子和每条电缆的芯线连接。

1. 室外电缆配线图的表示方法

图中的长方框表示分线柜、电缆盒和分线箱，框中的一根根细横线表示电缆芯线，其上的黑圆点表示箱、盒中的接线端子。箱、盒的类型写在长方框上方的右侧，直接连接的室外设备的名称写在左侧。

分线箱和终端电缆盒按所接的信号设备名称命名。

电缆配线图上表示箱、盒的长方形框排列顺序与它们在电缆径路上串接的顺序一致。各箱、盒的端子从小号到大号由上而下依次排列。箱、盒直接连接的信号设备的电缆芯线占用小号端子，经过该箱、盒连接其他室外信号设备的电缆芯线所使用的过渡端子则排用大号端子。这样，箱、盒内直接连接室外设备的电缆芯线，总是画在长方形框的上部，表示这些电缆芯线的细横线从长方形框的右边画到长方形框中间表示端子的黑点上；而表示经过该箱、盒端子连接其他室外设备的电缆芯线的细横线，画在长方形框的下部，从长方形框的右边一直画到长方形框的左边，在中间穿过的黑点表示两电缆芯线连接的端子。

每根电缆芯线的用途，也就是每根电缆芯线的名称写在分线盘和终端连接设备的长方框内细横线的端部，而在表示防雷分线柜端子的黑点旁，写上防雷分线柜的端子号。相邻两长方形框中间画着的细线，表示连接两箱、盒的电缆，细线上黑点旁写上分线箱的端子号，一侧写上电缆的芯线号；最下面细线的上方写着该电缆的长度、芯数，下方写着该电缆的备用芯数。

2. 信号机室外电缆配线图

信号机室外电缆配线图如图 51 所示。这是信号机室外电缆配线图中的一部分，作为示例。图中表示了信号机（A）XC、F_1、Z_2的室外电缆配线。

（A）XC 和 F_1共用一根电缆，从防雷分线柜引至 F_1的分线箱。在 F_1的分线箱中，一根电缆引至 F_1信号机，另一根电缆引至（A）XC 的分线箱。最后由（A）XC 的分线箱用一根电缆引至（A）XC 信号机。

Z_2信号机的配线是从防雷分线柜单独用一根电缆引至 Z_2的分线箱，再从 Z_2的分线箱用一根电缆引至 Z_2信号机。

3. 道岔室外电缆配线图

道岔室外电缆配线图如图 52 所示。这是道岔室外电缆配线图中的一部分，作为示例。图中表示了 1 号、2 号道岔的室外电缆配线。2 号道岔的室外电缆配线同 1 号道岔的室外电缆配线。

1 号道岔的室外电缆配线用一根电缆，从防雷分线柜引至 1 号道岔的分线箱 CH-1，再由 CH-1 分别用一根电缆引至 1 号道岔的岔尖 1 和岔尖 2。

在交流转辙机道岔电缆配线图中，虽然 HZ12 电缆盒端子数量也能满足要求，但考虑到电缆盒与 S700K 型电动转辙机之间能同名端子相连，采用了 HZ24 电缆盒。电话线占用 21、22 两端子；贯通电源线占用 23、24 两端子；在分线箱中电话线占用 45、46 两端子；贯通电源线占用 47、48 两端子。

4. 计轴室外电缆配线图

计轴室外电缆配线图如图 53 所示。这是计轴室外电缆配线图中的一部分，作为示例。

图中表示了 JZ_1、JZ_3、JZ_5、JZ_7、JZ_9、JZ_{11}的室外电缆配线。

从防雷分线柜引出计轴电源 NS，NS 用一根电缆至 TCB；接收器、发送器分别用一根计轴专用电缆接至 TCB。

对于两联锁区交界处的计轴，由两信号设备室分别将计轴电源引至该计轴点的分线箱，再由分线箱用一根电缆至 TCB。

5. 应答器室外电缆配线图

应答器室外电缆配线图如图 54 所示。这是应答器室外电缆配线图中的一部分，作为示例。图中表示了 VB_1、VB_3、VB_5、VB_7的室外电缆配线。

从防雷分线柜分别引出一根电缆到各应答器的分线箱，再从分线箱用应答器尾缆接至应答器。

6. 安全门室外电缆配线图

安全门室外电缆配线图如图 55 所示。这是安全门室外电缆配线图中的一部分，作为示例。图 55 的左半部分是集中站的安全门室外电缆配线图，右半部分是非集中站的安全门室外电缆配线图。

从信号设备室到安全门设备室，有两根电缆，一根用于 MGJ、MPLJ 的联系以及电源 ALZ、ALF 的联系，另一根用于 GMJ、KMJ 的联系以及电源 MZ、MF 的联系。

7. TDT 室外电缆配线图

TDT 室外电缆配线图如图 56 所示。

在集中站，从信号设备室的防雷分线柜分别上、下行各用两根电缆引至发车计时器，一根电缆是电源线，另一根电缆是控制线。

在非集中站，从信号设备室的综合柜分别上、下行各用两根电缆引至发车计时器，一根电缆是电源线，另一根电缆是控制线。

8. EMP 室外电缆配线图

EMP 室外电缆配线图如图 57 所示。

在集中站，从信号设备室的防雷分线柜各用一根电缆引至室外的上、下行紧急关闭按钮，用一根电缆引至车站控制室的 IBP 盘。

在非集中站，先从在集中站信号设备室的防雷分线柜各用一根电缆引至非集中站的综合柜，再从综合柜各用一根电缆引至室外的上、下行紧急关闭按钮，用一根电缆引至车站控制室的 IBP 盘。

9. RRU 室外电缆配线图

RRU 室外光、电缆配线图如图 58 所示。这是 RRU 室外电缆配线图中的一部分，作为示例。图中表示了 RRU_{057}、RRU_{058} 的室外电缆配线。

从集中站信号设备室的防雷分线柜各用一根电缆引至各 RRU 的分线箱，再从分线箱用一根电缆引至各 RRU 的内部防雷及空开，是电源线；从集中站信号设备室的 ODF 的光纤熔接盒各用一根光缆引至各 RRU 的内部光缆终端盒。

10. LEU 室外电缆配线图

LEU 室外电缆配线图如图 59 所示。该图表示集中站与非集中站之间的 LEU 电缆配线，从集中站信号设备室防雷分线柜用电缆引至非集中站信号设备室综合柜。

信号

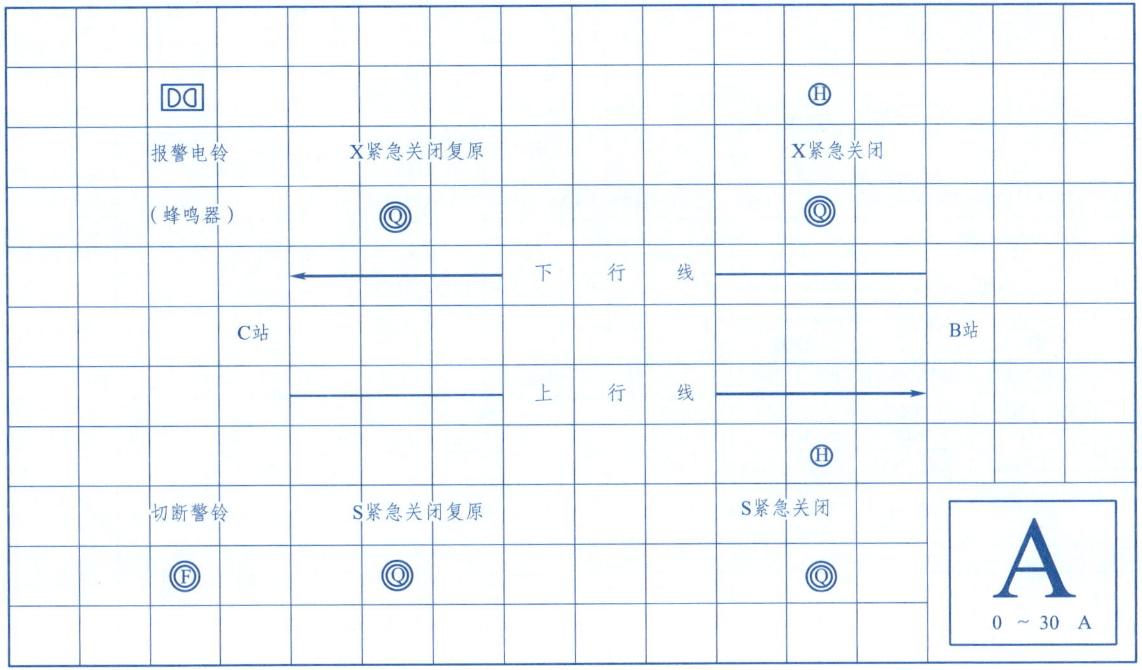

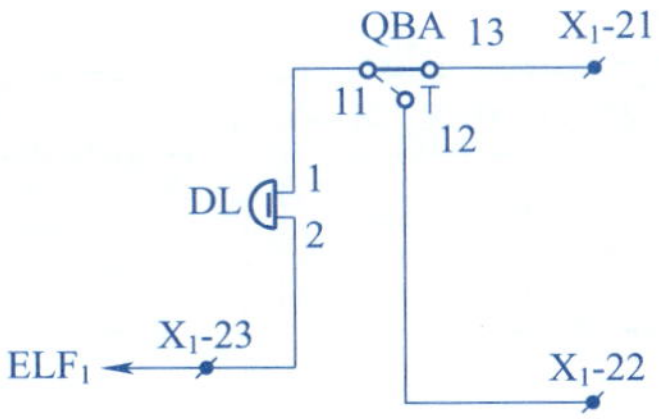

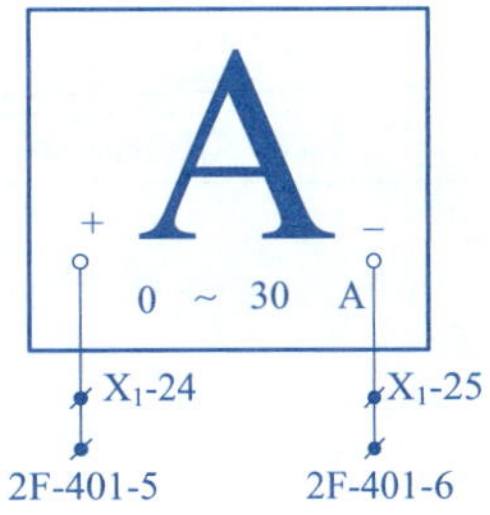

X1 端子板			
S紧急关闭H-1 2F-402-2	1	2	X紧急关闭H-1 2F-402-1
X/S紧急关闭H-2 ELF_1 8	3	4	
SEMPFA-11 2F-401-3	5	6	SEMPFA-12 ELZ_1 14
SEMPFA-21 2F-401-4	7	8	SEMPFA-22 ELF_1 3 16
EMP-S-11 2F-403-3	9	10	EMP-S-13 2F-404-3
EMP-S-21 2F-403-4	11	12	EMP-S-23 2F-404-4
XEMPFA-11 2F-401-1	13	14	XEMPFA-12 ELZ_1 6 27
XEMPFA-21 2F-401-2	15	16	XEMPFA-22 ELF_1 8 23
EMP-X-11 2F-403-1	17	18	EMP-X-13 2F-404-1
EMP-X-21 2F-403-2	19	20	EMP-X-23 2F-404-2
QBA-13 2F-402-3	21	22	QBA-12 2F-402-4
DL-2 ELF_1 16 28	23	24	电流表＋ 2F-401-5
电流表－ 2F-401-6	25	26	
IBP盘用电 ELZ_1 2F-402-5 14	27	28	IBP盘用电 ELF_1 2F-402-6 23
	29	30	

图03 A站综合后备盘盘面及配线图

组合柜 (Z_1)													
位置	组合类型	零板	1	2	3	4	5	6	7	8	9	10	11
10	F_1 (C)FZX	RD_1: 0.5 A RD_2: 0.5 A RD_3: 0.5 A RD_4: 0.5 A	F_1 DJ JZXC-H18	F_1 LXJ JWXC-H340	JWXC-H340	F_1 DDJ JWXC-H340	JZXC-H18	JZXC-H18					
9	F_3 (A)XC FCZQX	RD_1: 0.5 A RD_2: 0.5 A RD_3: 0.5 A RD_4: 0.5 A	F_3 DJ JZXC-H18	F_3 LXJ JWXC-H340	F_3 2DJ JZXC-H18	F_3 YXJ JWXC-H340	JWXC-H340	F_3 DDJ JWXC-H340	(A)XC DJ JZXC-H18	(A)XC LXJ JWXC-H340	(A)XC DDJ JWXC-H340	RD_5: 0.5 A	
8	F_5 Z_1 FCZQX	RD_1: 0.5 A RD_2: 0.5 A RD_3: 0.5 A RD_4: 0.5 A	F_5 DJ JZXC-H18	F_5 LXJ JWXC-H340	F_5 2DJ JZXC-H18	F_5 YXJ JWXC-H340	JWXC-H340	F_5 DDJ JWXC-H340	Z_1 DJ JZXC-H18	Z_1 LXJ JWXC-H340	Z_1 DDJ JWXC-H340	RD_5: 0.5 A	
7	(B)SC (B)XC CZQX	RD_1: 0.5 A RD_2: 0.5 A RD_3: 0.5 A RD_4: 0.5 A	(B)SC DJ JZXC-H18	(B)SC LXJ JWXC-H340	(B)SC DDJ JZXC-H340	(B)XC DJ JWXC-H18	(B)XC LXJ JWXC-H340	(B)XC DDJ JWXC-H340					
6	(C)SC (C)XC CZQX	RD_1: 0.5 A RD_2: 0.5 A RD_3: 0.5 A RD_4: 0.5 A	(C)SC DJ JZXC-H18	(C)SC LXJ JWXC-H340	(C)SC DDJ JWXC-H340	(C)XC DJ JWXC-H18	(C)XC LXJ JZXC-H340	(C)XC DDJ JZXC-H340					
5			灯丝报警主机										
4													
3	Z_4 FCZQX	RD_4: 0.5 A							Z_4 DJ JZXC-H18	Z_4 LXJ JWXC-H340	Z_4 DDJ JWXC-H340	RD_5: 0.5 A	
2	F_2 Z_2 FCZQX	RD_1: 0.5 A RD_2: 0.5 A RD_3: 0.5 A RD_4: 0.5 A	F_2 DJ JZXC-H18	F_2 LXJ JWXC-H340	F_2 2DJ JZXC-H18	F_2 YXJ JWXC-H340		F_2 DDJ JWXC-H340	Z_2 DJ JZXC-H18	Z_2 LXJ JWXC-H340	Z_2 DDJ JWXC-H340	RD_5: 0.5 A	
1	(A)SC (C)FZX	RD_1: 0.5 A RD_2: 0.5 A	(A)SC DJ JZXC-H18	(A)SC LXJ JWXC-H340	(A)SC ZXJ JWXC-H340	(A)SC DDJ JWXC-H340							
0	零层		D_1~D_{12}										

图04　A站组合柜设备布置图（一）

组合柜 (Z_2)													
位置	组合类型	零板	1	2	3	4	5	6	7	8	9	10	11
10	A PSD	RD_1: 0.5 A RD_2: 0.5 A RD_3: 0.5 A RD_4: 0.5 A	X-GMJ	X-KMJ	X-MGJ	X-MPLJ	S-GMJ	S-KMJ	S-MGJ	S-MPLJ			
			JWXC-H340	JWXC-H340	JWXC-1700	JWXC-1700	JWXC-H340	JWXC-H340	JWXC-1700	JWXC-1700			
9	B PSD	RD_1: 0.5 A RD_2: 0.5 A RD_3: 0.5 A RD_4: 0.5 A	X-GMJ	X-KMJ	X-MGJ	X-MPLJ	S-GMJ	S-KMJ	S-MGJ	S-MPLJ			
			JWXC-H340	JWXC-H340	JWXC-1700	JWXC-1700	JWXC-H340	JWXC-H340	JWXC-1700	JWXC-1700			
8	C PSD	RD_1: 0.5 A RD_2: 0.5 A RD_3: 0.5 A RD_4: 0.5 A	X-GMJ	X-KMJ	X-MGJ	X-MPLJ	S-GMJ	S-KMJ	S-MGJ	S-MPLJ			
			JWXC-H340	JWXC-H340	JWXC-1700	JWXC-1700	JWXC-H340	JWXC-H340	JWXC-1700	JWXC-1700			
7	EMP	RD_1: 0.5 A RD_2: 0.5 A RD_3: 0.5 A RD_4: 0.5 A	(A) XEMPJ	(A) SEMPJ	(B) XEMPJ	(B) SEMPJ	(C) XEMPJ	(C) SEMPJ	R_1	R_2			
			JWXC-1700	JWXC-1700	JWXC-1700	JWXC-1700	JWXC-1000	JWXC-1000	RXYC-0/200 Ω	RXYC-0/200 Ω			
6	DY/CJ	RD_1: 1 A RD_2: 1 A	SYSA	SYSB	KZKFJ	RSBJ	DSBJ	(B)RSBJF	(C)RSBJF	总道岔电流采集传感器	交流电流互感器		
			JPXC-1000	JPXC-1000	JPXC-1000	JWXC-1700	JWXC-1700	JWXC-1700	JWXC-1700	TC6A4L	CT3-10P		
5	LS												
4													
3													
2													
1													
0	零层		D_1~D_{12}										

图04　A站组合柜设备布置图（二）

组合柜 (Z_3)													
位置	组合类型	零板	1	2	3	4	5	6	7	8	9	10	11
10	1号 TDF_1	RD_1: 5 A RD_2: 5 A RD_3: 5 A RD_4: 0.5 A	1 BB	1 1DQJ	1 BHJ	1 2DQJ	1 1DQJF	1 DBQ	1 DBJ	1 FBJ	1 QDJ	1 ZBHJ	R_1
			BD_1-7	JWJXC-H125/80	JWXC-1700	JYJXC-160/260	JWJXC-480	DBQ-S	JPXC-1000	JPXC-1000	JWXC-1700	JWXC-1700	RXYC-75/1 kΩ
9	1号 TDF_2	RD_1: 5 A RD_2: 5 A RD_3: 5 A RD_4: 0.5 A	1 BB	1 1DQJ	1 BHJ	1 2DQJ	1 1DQJF	1 DBQ	1 DBJ	1 FBJ	1 ZDBJ	1 ZFBJ	R_1
			BD_1-7	JWJXC-H125/80	JWXC-1700	JYJXC-160/260	JWJXC-480	DBQ-S	JPXC-1000	JPXC-1000	JWXC-1700	JWXC-1700	RXYC-75/1 kΩ
8	3号 TDF_1	RD_1: 5 A RD_2: 5 A RD_3: 5 A RD_4: 0.5 A	3 BB	3 1DQJ	3 BHJ	3 2DQJ	3 1DQJF	3 DBQ	3 DBJ	3 FBJ	3 QDJ	3 ZBHJ	R_1
			BD_1-7	JWJXC-H125/80	JWXC-1700	JYJXC-160/260	JWJXC-480	DBQ-S	JPXC-1000	JPXC-1000	JWXC-1700	JWXC-1700	RXYC-75/1 kΩ
7	3号 TDF_2	RD_1: 5 A RD_2: 5 A RD_3: 5 A RD_4: 0.5 A	3 BB	3 1DQJ	3 BHJ	3 2DQJ	3 1DQJF	3 DBQ	3 DBJ	3 FBJ	3/6 ZDBJ	3/6 ZFBJ	R_1
			BD_1-7	JWJXC-H125/80	JWXC-1700	JYJXC-160/260	JWJXC-480	DBQ-S	JPXC-1000	JPXC-1000	JWXC-1700	JWXC-1700	RXYC-75/1 kΩ
6	5号 TDF_1	RD_1: 5 A RD_2: 5 A RD_3: 5 A RD_4: 0.5 A	5 BB	5 1DQJ	5 BHJ	5 2DQJ	5 1DQJF	5 DBQ	5 DBJ	5 FBJ	5 QDJ	5 ZBHJ	R_1
			BD_1-7	JWJXC-H125/80	JWXC-1700	JYJXC-160/260	JWJXC-480	DBQ-S	JPXC-1000	JPXC-1000	JWXC-1700	JWXC-1700	RXYC-75/1 kΩ
5	5号 TDF_2	RD_1: 5 A RD_2: 5 A RD_3: 5 A RD_4: 0.5 A	5 BB	5 1DQJ	5 BHJ	5 2DQJ	5 1DQJF	5 DBQ	5 DBJ	5 FBJ			R_1
			BD_1-7	JWJXC-H125/80	JWXC-1700	JYJXC-160/260	JWJXC-480	DBQ-S	JPXC-1000	JPXC-1000	JWXC-1700	JWXC-1700	RXYC-75/1 kΩ
4	1号 3/6号 CT		1 (1)DCJ	1 (1)FCJ	1 (1)DCQDJ	3/6 (2)DCJ	3/6 (2)FCJ	3/6 (2)DCQDJ			R_2/C_1	R_3/C_2	
			JPXC-1000	JPXC-1000	JWXC-H340	JPXC-1000	JPXC-1000	JWXC-H340			RXYC-25-51-I CD-1 000 μF/50 V	RXYC-25-51-I CD-1 000 μF/50 V	
3	2号 TDF_1	RD_1: 5 A RD_2: 5 A RD_3: 5 A RD_4: 0.5 A	2 BB	2 1DQJ	2 BHJ	2 2DQJ	2 1DQJF	2 DBQ	2 DBJ	2 FBJ	2 QDJ	2 ZBHJ	R_1
			BD_1-7	JWJXC-H125/80	JWXC-1700	JYJXC-160/260	JWJXC-480	DBQ-S	JPXC-1000	JPXC-1000	JWXC-1700	JWXC-1700	RXYC-75/1 kΩ
2	2号 TDF_2	RD_1: 5 A RD_2: 5 A RD_3: 5 A RD_4: 0.5 A	2 BB	2 1DQJ	2 BHJ	2 2DQJ	2 1DQJF	2 DBQ	2 DBJ	2 FBJ	2 ZDBJ	2 ZFBJ	R_1
			BD_1-7	JWJXC-H125/80	JWXC-1700	JYJXC-160/260	JWJXC-480	DBQ-S	JPXC-1000	JPXC-1000	JWXC-1700	JWXC-1700	RXYC-75/1 kΩ
1	4号 TDF_1	RD_1: 5 A RD_2: 5 A RD_3: 5 A RD_4: 0.5 A	4 BB	4 1DQJ	4 BHJ	4 2DQJ	4 1DQJF	4 DBQ	4 DBJ	4 FBJ	4 QDJ	4 ZBHJ	R_1
			BD_1-7	JWJXC-H125/80	JWXC-1700	JYJXC-160/260	JWJXC-480	DBQ-S	JPXC-1000	JPXC-1000	JWXC-1700	JWXC-1700	RXYC-75/1 kΩ
0	零层		$D_1 \sim D_{12}$										

图04　A站组合柜设备布置图（三）

组合柜 (Z_4)													
位置	组合类型	零板	1	2	3	4	5	6	7	8	9	10	11
10	4号 TDF_2	RD_1: 5 A RD_2: 5 A RD_3: 5 A RD_4: 0.5 A	4 BB	4 1DQJ	4 BHJ	4 2DQJ	4 1DQJF	4 DBQ	4 DBJ	4 FBJ	4/5 ZDBJ	4/5 ZFBJ	R_1
			BD_1-7	JWJXC-H125/80	JWXC-1700	JYJXC-160/260	JWJXC-480	DBQ-S	JPXC-1000	JPXC-1000	JWXC-1700	JWXC-1700	RXYC-75/1 kΩ
9	6号 TDF_1	RD_1: 5 A RD_2: 5 A RD_3: 5 A RD_4: 0.5 A	6 BB	6 1DQJ	6 BHJ	6 2DQJ	6 1DQJF	6 DBQ	6 DBJ	6 FBJ	6 QDJ	6 ZBHJ	R_1
			BD_1-7	JWJXC-H125/80	JWXC-1700	JYJXC-160/260	JWJXC-480	DBQ-S	JPXC-1000	JPXC-1000	JWXC-1700	JWXC-1700	RXYC-75/1 kΩ
8	6号 TDF_2	RD_1: 5 A RD_2: 5 A RD_3: 5 A RD_4: 0.5 A	6 BB	6 1DQJ	6 BHJ	6 2DQJ	6 1DQJF	6 DBQ	6 DBJ	6 FBJ			R_1
			BD_1-7	JWJXC-H125/80	JWXC-1700	JYJXC-160/260	JWJXC-480	DBQ-S	JPXC-1000	JPXC-1000	JWXC-1700	JWXC-1700	RXYC-75/1 kΩ
7	2号 4/5号 CT		2 (1)DCJ	2 (1)FCJ	2 (1)DCQDJ	4/5 (2)DCJ	4/5 (2)FCJ	4/5 (2)DCQDJ			R_2/C_1	R_3/C_2	
			JPXC-1000	JPXC-1000	JWXC-H340	JPXC-1000	JPXC-1000	JWXC-H340			RXYC-25-51-I CD-1 000 μF/50 V	RXYC-25-51-I CD-1 000 μF/50 V	
6													
5													
4													
3													
2													
1													
0	零层		$D_1 \sim D_{12}$										

图04　A站组合柜设备布置图（四）

位置	组合类型	零板	组合柜 (Z_5)										
			1	2	3	4	5	6	7	8	9	10	11
10	GJ	$Z_1 \sim Z_{10}$ IN4007	1G GJ	3G GJ	1DG GJ	3-5DG GJ	5G GJ	7G GJ	9G GJ	11G GJ	13G GJ	15G GJ	
			JWXC-1700	JWXC-1700	JWXC-1700	JWXC-1700	JWXC-1700	JWXC-1700	JWXC-1700	JWXC-1700	JWXC-1700	JWXC-1700	
9	GJ	$Z_1 \sim Z_{10}$ IN4007	17G GJ	19G GJ	21G GJ	23G GJ	25G GJ						
			JWXC-1700	JWXC-1700	JWXC-1700	JWXC-1700	JWXC-1700						
8	GJ	$Z_1 \sim Z_{10}$ IN4007	2G GJ	4G GJ	6G GJ	8G GJ	2DG GJ	4-6DG GJ	10G GJ	12G GJ	14G GJ	16G GJ	
			JWXC-1700	JWXC-1700	JWXC-1700	JWXC-1700	JWXC-1700	JWXC-1700	JWXC-1700	JWXC-1700	JWXC-1700	JWXC-1700	
7	GJ	$Z_1 \sim Z_{10}$ IN4007	18G GJ	20G GJ	22G GJ	24G GJ	26G GJ						
			JWXC-1700	JWXC-1700	JWXC-1700	JWXC-1700	JWXC-1700						
6	GJ	$Z_1 \sim Z_{10}$ IN4007	34G GJ	36G GJ									
			JWXC-1700	JWXC-1700	JWXC-1700	JWXC-1700	JWXC-1700	JWXC-1700	JWXC-1700	JWXC-1700	JWXC-1700	JWXC-1700	
5	FWJ		1G FWJ	3G FWJ	1DG FWJ	3-5DG FWJ	5G FWJ	7G FWJ	9G FWJ	11G FWJ	13G FWJ	15G FWJ	
			JWXC-H340	JWXC-H340	JWXC-H340	JWXC-H340	JWXC-H340	JWXC-H340	JWXC-H340	JWXC-H340	JWXC-H340	JWXC-H340	
4	FWJ		17G FWJ	19G FWJ	21G FWJ	23G FWJ	25G FWJ						
			JWXC-H340	JWXC-H340	JWXC-H340	JWXC-H340	JWXC-H340						
3	FWJ		2G FWJ	4G FWJ	6G FWJ	8G FWJ	2DG FWJ	4-6DG FWJ	10G FWJ	12G FWJ	14G FWJ	16G FWJ	
			JWXC-H340	JWXC-H340	JWXC-H340	JWXC-H340	JWXC-H340	JWXC-H340	JWXC-H340	JWXC-H340	JWXC-H340	JWXC-H340	
2	FWJ		18G FWJ	20G FWJ	22G FWJ	24G FWJ	26G FWJ						
			JWXC-H340	JWXC-H340	JWXC-H340	JWXC-H340	JWXC-H340						
1													
0	零层		$D_1 \sim D_{12}$										

图04　A站组合柜设备布置图（五）

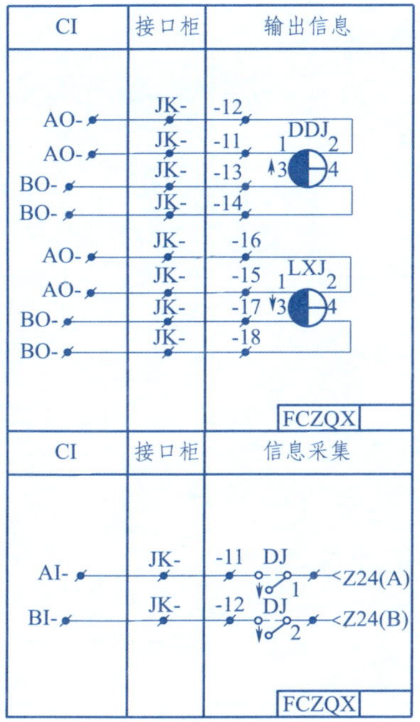

信号机	组合名称	组合位置	至组合侧面端子 至接口柜(驱动)								至组合侧面端子 至接口柜(采集)	
			DDJ-1(A)	DDJ-2(A)	DDJ-3(B)	DDJ-4(B)	LXJ-1(A)	LXJ-2(A)	LXJ-3(B)	LXJ-4(B)	DJ-12(A)	DJ-22(B)
Z_1	FCZQX	Z_1-8(2)	05-11	05-12	05-13	05-14					03-11	03-12
			JK-4-D_2-5	JK-4-D_2-6	JK-7-D_2-5	JK-7-D_2-6					JK-3-D_1-36	JK-6-D_1-36
Z_2	FCZQX	Z_1-2(2)	05-11	05-12	05-13	05-14					03-11	03-12
			JK-4-D_2-9	JK-4-D_2-10	JK-7-D_2-9	JK-7-D_2-10					JK-3-D_1-37	JK-6-D_1-37
Z_4	FCZQX	Z_1-3(2)	05-11	05-12	05-13	05-14					03-11	03-12
			JK-4-D_2-11	JK-4-D_2-12	JK-7-D_2-11	JK-7-D_2-12					JK-3-D_1-38	JK-6-D_1-38

图05　信号机驱动采集电路图（一）

⑪

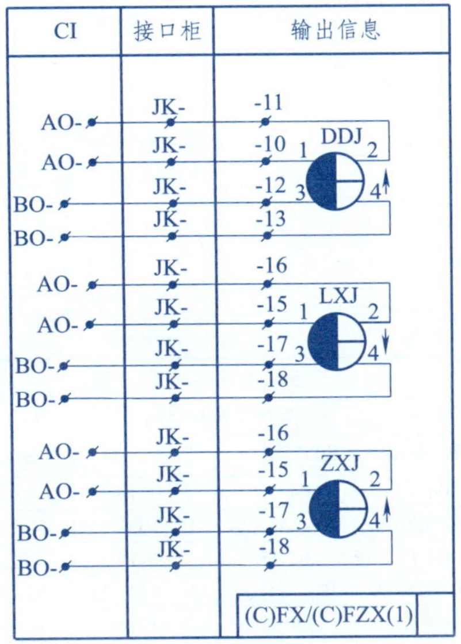

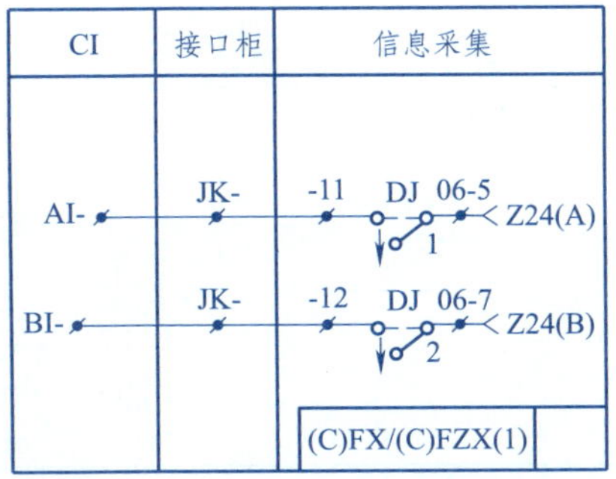

信号机	组合名称	组合位置	至组合侧面端子												至组合侧面端子	
			至接口柜(驱动)												至接口柜(采集)	
			DDJ-1(A)	DDJ-2(A)	DDJ-3(B)	DDJ-4(B)	LXJ-1(A)	LXJ-2(A)	LXJ-3(B)	LXJ-4(B)	ZXJ-1(A)	ZXJ-2(A)	ZXJ-3(B)	ZXJ-4(B)	DJ-12(A)	DJ-22(B)
(A)SC	(C)FZX	Z_1-1(1)	04-10	04-11	04-12	04-13	01-15	01-16	01-17	01-18	04-15	04-16	04-17	04-18	01-11	01-12
			JK-4-D_3-11	JK-4-D_3-12	JK-7-D_3-11	JK-7-D_3-12	JK-4-D_3-13	JK-4-D_3-14	JK-7-D_3-13	JK-7-D_3-14	JK-4-D_3-15	JK-4-D_3-16	JK-7-D_3-15	JK-7-D_3-16	JK-3-D_2-11	JK-6-D_2-11
F_1	(C)FZX	Z_1-10(1)	04-10	04-11	04-12	04-13	01-15	01-16	01-17	01-18					01-11	01-12
			JK-4-D_2-15	JK-4-D_2-16	JK-7-D_2-15	JK-7-D_2-16	JK-4-D_2-17	JK-4-D_2-18	JK-7-D_2-17	JK-7-D_2-18					JK-3-D_1-27	JK-6-D_1-27

图05　信号机驱动采集电路图（三）

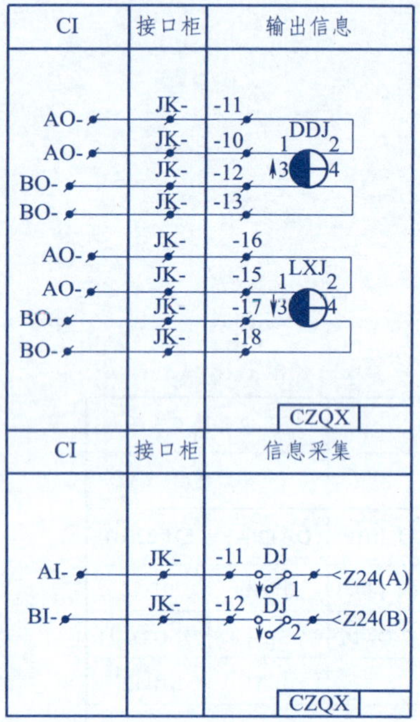

信号机	组合名称	组合位置	至组合侧面端子 至接口柜(驱动)								至组合侧面端子 至接口柜(采集)	
			DDJ-1(A)	DDJ-2(A)	DDJ-3(B)	DDJ-4(B)	LXJ-1(A)	LXJ-2(A)	LXJ-3(B)	LXJ-4(B)	DJ-12(A)	DJ-22(B)
(B)SC	CZQX	Z_1-7(1)	04-10	04-11	04-12	04-13	01-15	01-16	01-17	01-18	01-11	01-12
			JK-4-D_3-25	JK-4-D_3-26	JK-7-D_3-25	JK-7-D_3-26	JK-4-D_3-27	JK-4-D_3-28	JK-7-D_3-27	JK-7-D_3-28	JK-3-D_2-13	JK-6-D_2-13
(B)XC	CZQX	Z_1-7(2)	04-15	04-16	04-17	04-18	02-15	02-16	02-17	02-18	02-11	02-12
			JK-4-D_3-29	JK-4-D_3-30	JK-7-D_3-29	JK-7-D_3-30	JK-4-D_3-31	JK-4-D_3-32	JK-7-D_3-31	JK-7-D_3-32	JK-3-D_2-14	JK-6-D_2-14
(C)SC	CZQX	Z_1-6(1)	04-10	04-11	04-12	04-13	01-15	01-16	01-17	01-18	01-11	01-12
			JK-4-D_3-33	JK-4-D_3-34	JK-7-D_3-33	JK-7-D_3-34	JK-4-D_3-35	JK-4-D_3-36	JK-7-D_3-35	JK-7-D_3-36	JK-3-D_2-15	JK-6-D_2-15
(C)XC	CZQX	Z_1-6(2)	04-15	04-16	04-17	04-18	02-15	02-16	02-17	02-18	02-11	02-12
			JK-4-D_3-37	JK-4-D_3-38	JK-7-D_3-37	JK-7-D_3-38	JK-4-D_3-39	JK-4-D_3-40	JK-7-D_3-39	JK-7-D_3-40	JK-3-D_2-16	JK-6-D_2-16

图05　信号机驱动采集电路图（四）

信号机	组合位置	至组合侧面端子 至分线柜端子		至组合侧面端子 至灯丝报警	
	FCZQX	H	HH	报警仪互感器-入	报警仪互感器-出
Z_1	Z_1-8(2)	04-3	04-4	04-5	04-6
		1F-205-3	1F-205-4	Z_1-5-CJ_1-25	Z_1-5-CJ_1-26
Z_2	Z_1-2(2)	04-3	04-4	04-5	04-6
		1F-301-3	1F-301-4	Z_1-5-CJ_2-9	Z_1-5-CJ_2-10
Z_4	Z_1-3(2)	04-3	04-4	04-5	04-6
		1F-303-3	1F-303-4	Z_1-5-C_2-17	Z_1-5C_2-18

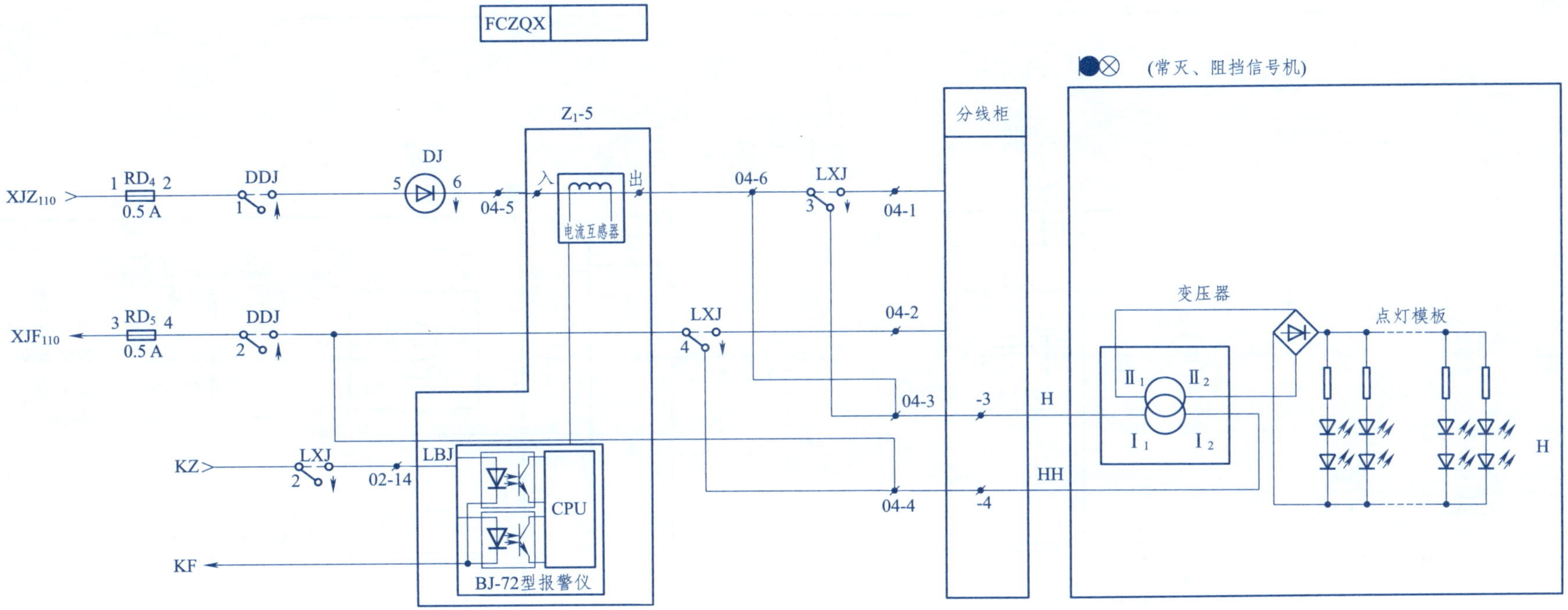

本图为常灭、封绿灯阻挡信号机点灯电路，列车信号继电器(LXJ)在组合中不插。

图06 信号机点灯电路图（一）

信号机	组合位置	至组合侧面端子 至分线柜端子				至组合侧面端子 至灯丝报警		
	FCZQX	L	LH	H	HH	报警仪互感器-入	报警仪互感器-出	电压采集点(LBJ)
(A)XC	Z_1-9(2)	04-1 1F-203-1	04-2 1F-203-2	04-3 1F-203-3	04-4 1F-203-4	04-5 Z_1-5-CJ_1-13	04-6 Z1-5-CJ_1-14	02-14 Z_1-5-CJ_1-15

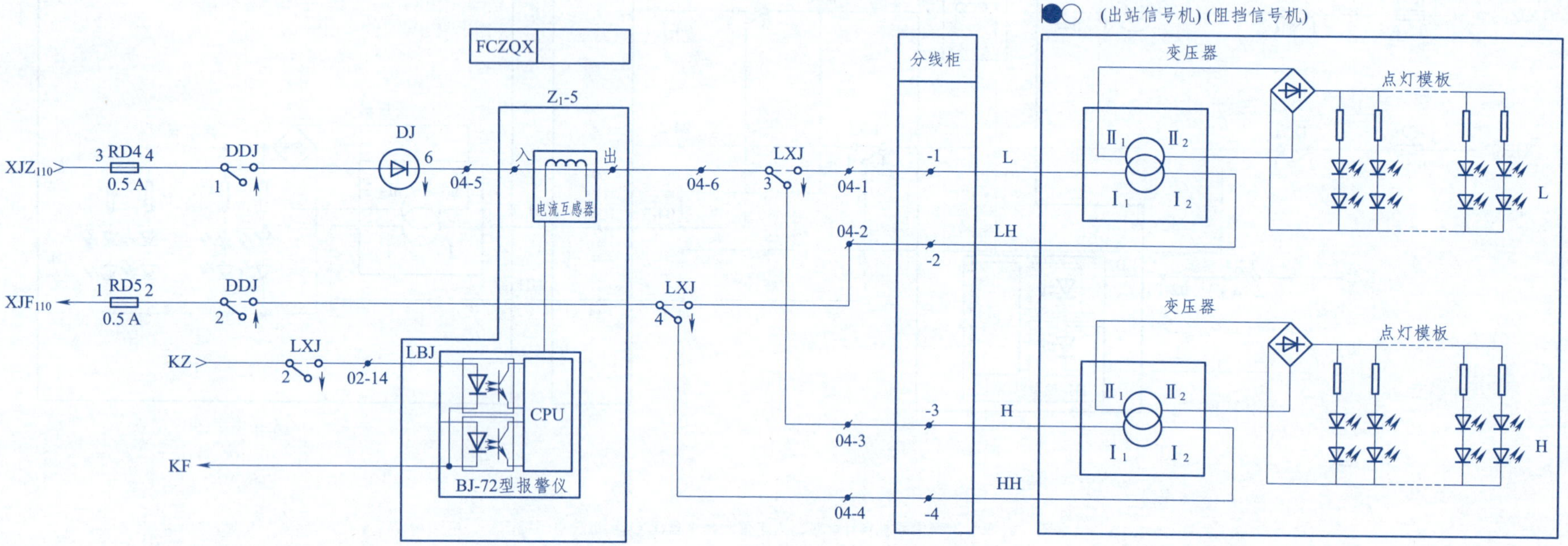

图06 信号机点灯电路图（二）

信号机	组合位置	至组合侧面端子		至组合侧面端子		至组合侧面端子		
		至分线柜端子		至分线柜端子		至灯丝报警		
	CZQX	L	LH	H	HH	报警仪互感器-入	报警仪互感器-出	电压采集点
(B)SC	Z_1-7(1)	05-1	05-2	05-3	05-4	05-8	05-9	05-5
		1F-401-1	1F-401-2	1F-401-3	1F-401-4	Z_1-5-CJ_3-1	Z_1-5-CJ_3-2	Z_1-5-CJ_3-3
(B)XC	Z_1-7(2)	04-1	04-2	04-3	04-4	04-8	04-9	04-5
		1F-402-1	1F-402-2	1F-402-3	1F-402-4	Z_1-5-CJ_3-5	Z_1-5-CJ_3-6	Z_1-5-CJ_3-7
(C)SC	Z_1-6(1)	05-1	05-2	05-3	05-4	05-8	05-9	05-5
		1F-403-1	1F-403-2	1F-403-3	1F-403-4	Z_1-5-CJ_3-9	Z_1-5-CJ_3-10	Z_1-5-CJ_3-11
(C)XC	Z_1-6(2)	04-1	04-2	04-3	04-4	04-8	04-9	04-5
		1F-404-1	1F-404-2	1F-404-3	1F-404-4	Z_1-5-CJ_3-13	Z_1-5-CJ_3-14	Z_1-5-CJ_3-15

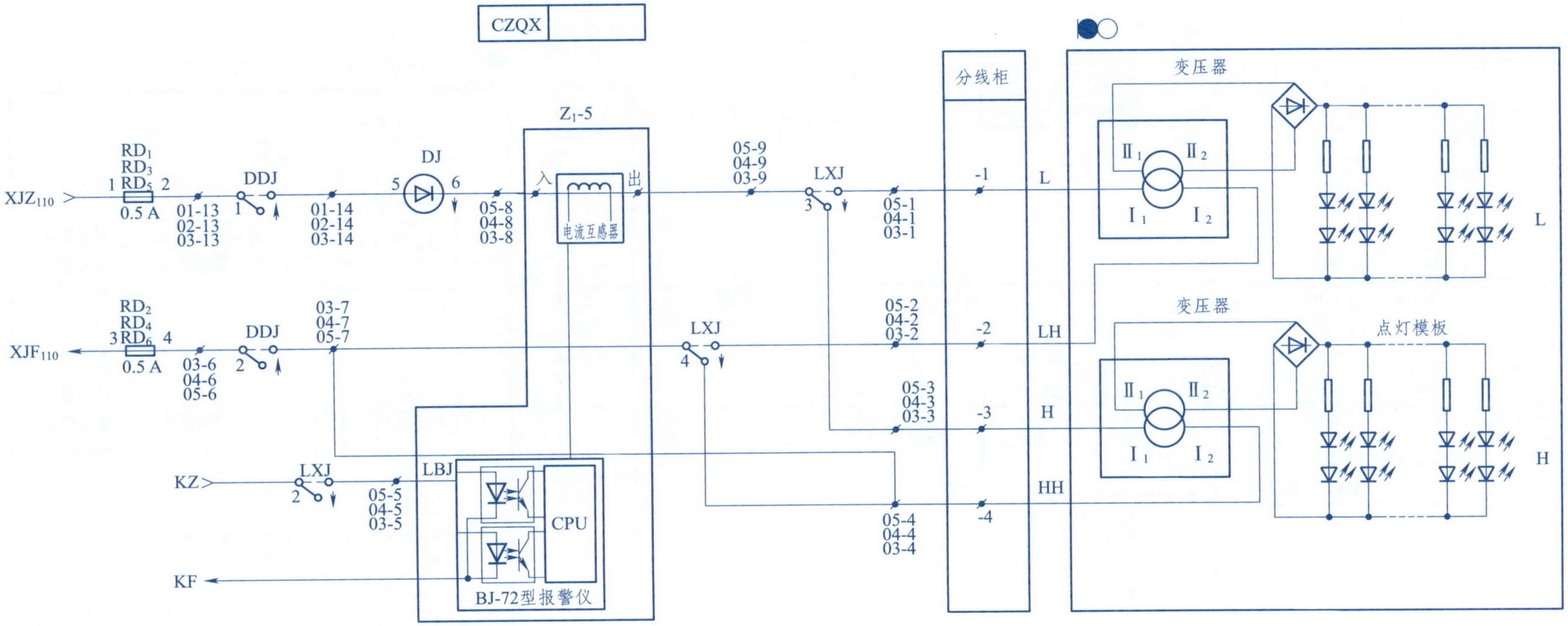

本图为常灭、封绿灯阻挡信号机点灯电路，列车信号继电器(LXJ)在组合中不插。

图06　信号机点灯电路图（三）

信号机	组合类型/位置	至组合侧面端子						至组合侧面端子			
		至分线柜端子						至灯丝报警			
		U	UH	L	LH	H	HH	报警仪互感器-入	报警仪互感器-出	电压采集点(LBJ)	电压采集点(UBJ)
(A)SC	(C)FZX/Z_1-1(1)	05-1 1F-304-1	05-2 1F-304-2	05-3 1F-304-3	05-4 1F-304-4	05-5 1F-304-5	05-6 1F-304-6	05-7 Z_1-5-CJ_2-13	05-8 Z_1-5-CJ_2-14	02-7 Z_1-5-CJ_2-15	02-8 Z_1-5-CJ_2-16

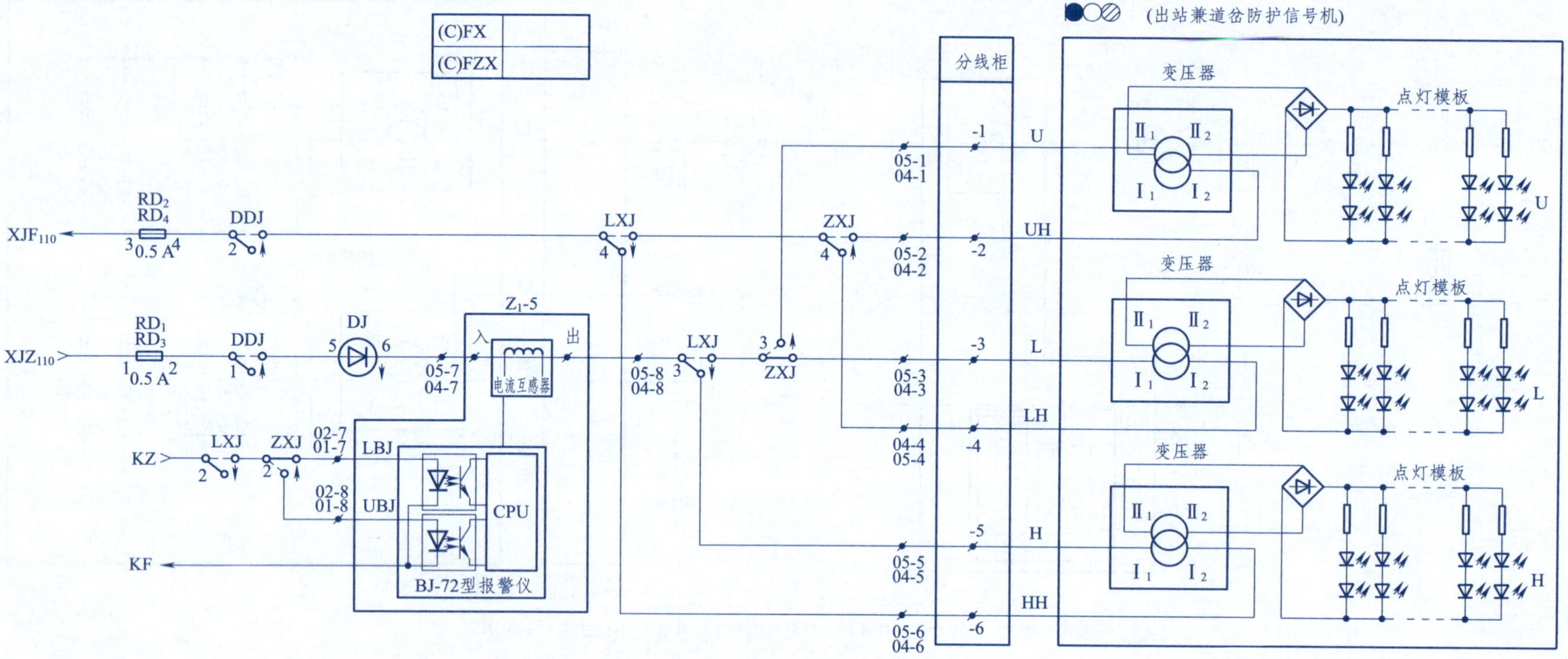

图06　信号机点灯电路图（四）

信号机	组合类型/位置	至组合侧面端子				至组合侧面端子		
		至分线柜端子				至灯丝报警		
		U	UH	H	HH	报警仪互感器-入	报警仪互感器-出	电压采集点(UBJ)
F_1	(C)FZX/Z_1-10(1)	05-1	05-2	05-5	05-6	05-7	05-8	02-8
		1F-201-1	1F-201-2	1F-201-5	1F-201-6	Z_1-5-CJ_1-1	Z_1-5-CJ_1-2	Z_1-5-CJ_1-3

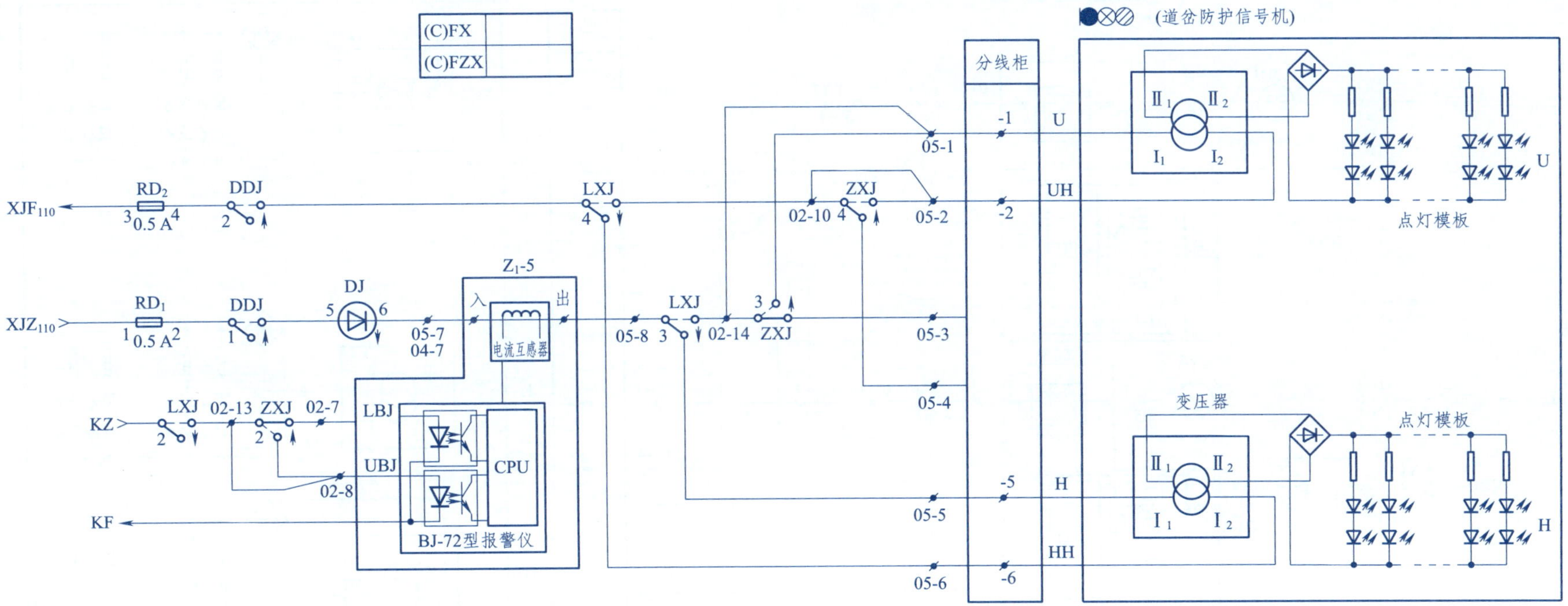

本图信号机正线继电器（ZXJ）在组合中不插。

图06　信号机点灯电路图（五）

⑱

信号机	组合位置	至组合侧面端子						至组合侧面端子			至组合侧面端子		
		至分线柜端子						至灯丝报警			至2灯丝报警		
	FCZQX	U	UH	L	LH	H	HH	互感器-入	互感器-出	电压采集点(LBJ)	互感器-入	互感器-出	电压采集点(UBJ)
F_3	Z_1-9(1)	05-1 1F-202-1	05-2 1F-202-2	05-3 1F-202-3	05-4 1F-202-4	05-5 1F-202-5	05-6 1F-202-6	05-7 Z_1-5-CJ_1-5	05-9 Z_1-5-CJ_1-6	02-7 Z_1-5-CJ_1-7	04-7 Z_1-5-CJ_1-9	04-9 Z_1-5-CJ_1-10	02-5 Z_1-5-CJ_1-11

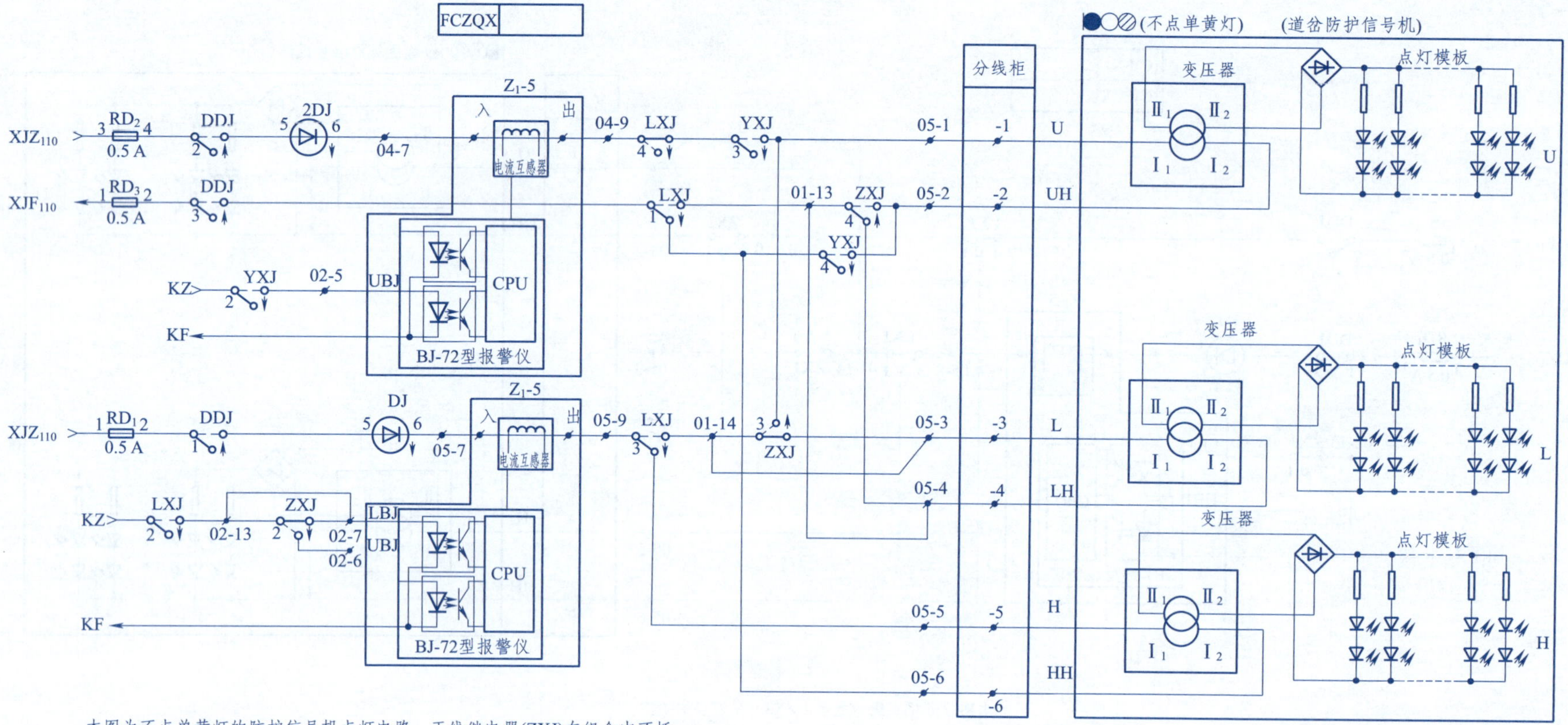

本图为不点单黄灯的防护信号机点灯电路，正线继电器(ZXJ)在组合中不插。

图06　信号机点灯电路图（六）

信号机	组合位置	至组合侧面端子				至组合侧面端子			至组合侧面端子		
		至分线柜端子				至灯丝报警			至2灯丝报警		
	FCZQX	U	UH	H	HH	互感器-入	互感器-出	电压采集点(UBJ)	互感器-入	互感器-出	电压采集点(UBJ)
F_5	Z_1-8(1)	05-1	05-2	05-5	05-6	05-7	05-9	02-6	04-7	04-9	02-5
		1F-204-1	1F-204-2	1F-204-5	1F-204-6	Z_1-5-CJ_1-17	Z_1-5-CJ_1-18	Z_1-5-CJ_1-19	Z_1-5-CJ_1-21	Z_1-5-CJ_1-22	Z_1-5-CJ_1-23
F_2	Z_1-2(1)	05-1	05-2	05-5	05-6	05-7	05-9	02-6	04-7	04-9	02-5
		1F-302-1	1F-302-2	1F-302-5	1F-302-6	Z_1-5-CJ_2-1	Z_1-5-CJ_2-2	Z_1-5-CJ_2-3	Z_1-5-CJ_2-5	Z_1-5-CJ_2-6	Z_1-5-CJ_2-7

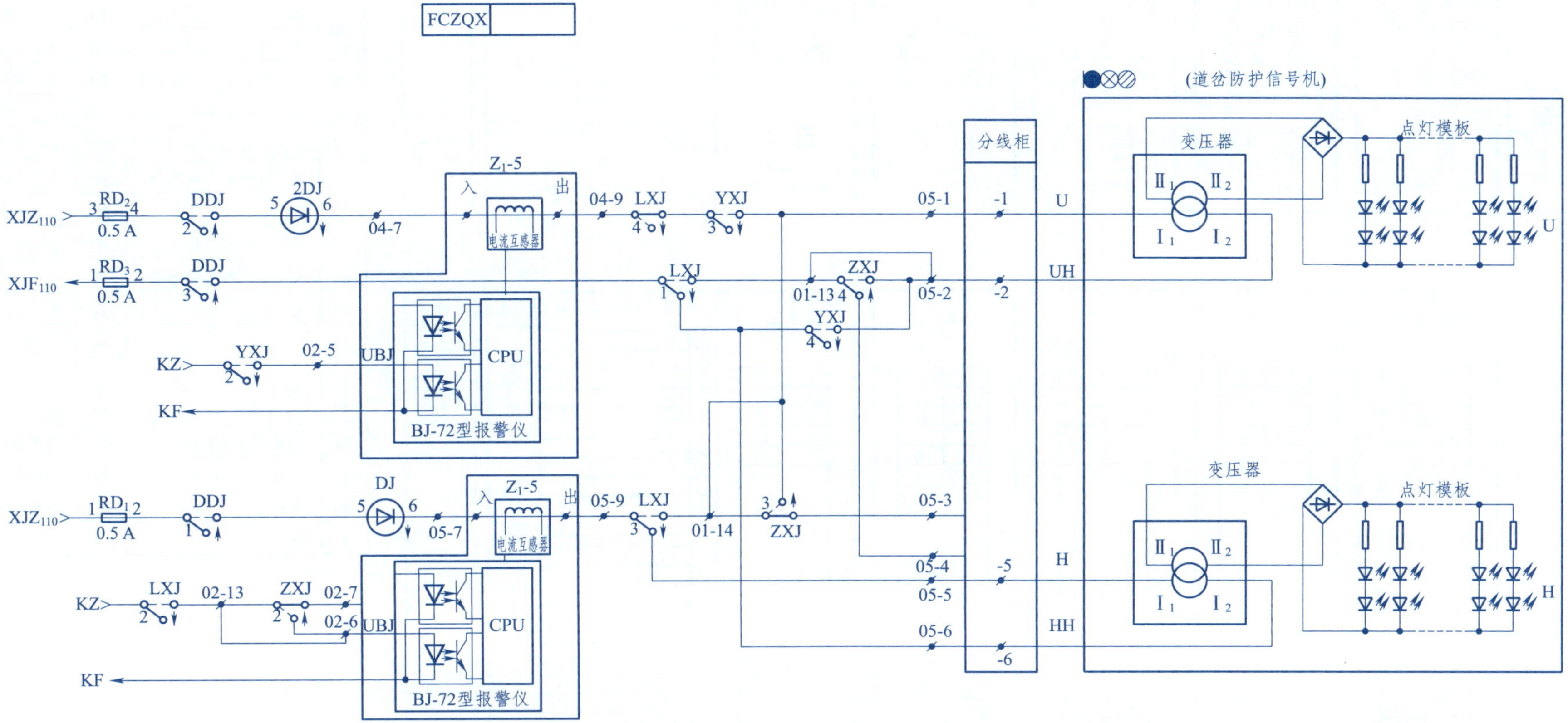

本图为封绿灯的防护信号机点灯电路，正线继电器(ZXJ)在组合中不插。

图06　信号机点灯电路图（七）

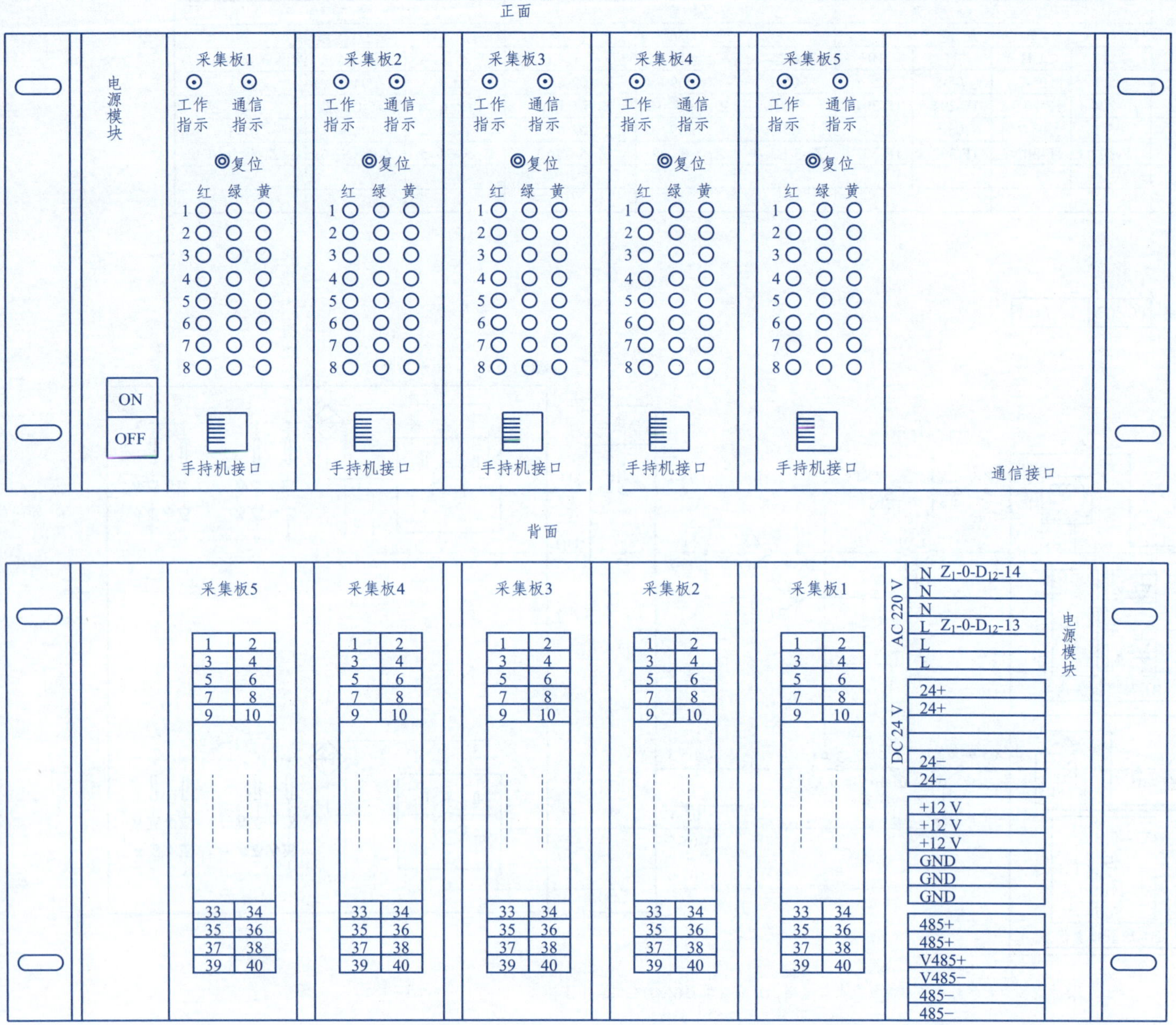

采集板端子定义

端子	外连端子	端子	外连端子
1	1号信号电流输入	2	1号信号电流输出
3	1号信号电压采集点1	4	1号信号电压采集点2
5	2号信号电流输入	6	2号信号电流输出
7	2号信号电压采集点1	8	2号信号电压采集点2
9	3号信号电流输入	10	3号信号电流输出
11	3号信号电压采集点1	12	3号信号电压采集点2
13	4号信号电流输入	14	4号信号电流输出
15	4号信号电压采集点1	16	4号信号电压采集点2
17	5号信号电流输入	18	5号信号电流输出
19	5号信号电压采集点1	20	5号信号电压采集点2
21	6号信号电流输入	22	6号信号电流输出
23	6号信号电压采集点1	24	6号信号电压采集点2
25	7号信号电流输入	26	7号信号电流输出
27	7号信号电压采集点1	28	7号信号电压采集点2
29	8号信号电流输入	30	8号信号电流输出
31	8号信号电压采集点1	32	8号信号电压采集点2
33	KF24 V	34	KF24 V
35		36	
37		38	
39		40	
41	报警输出 BJ-13	42	报警输出 BJ-23
43	报警输出 BJ-12	44	报警输出 BJ-22
45	报警输出 BJ-11	46	报警输出 BJ-21
47	OUT	48	12 V-

图07 灯丝报警主机示意图

Z_1-5

采集板1 CJ_1

信号机	端子	外连端子	端子	外连端子
F_1-DJ	1	Z_1-1005-7	2	Z_1-1005-8
	3	Z_1-1002-8	4	
F_3-DJ	5	Z_1-905-7	6	Z_1-905-9
	7	Z_1-902-7	8	
F_3-2DJ	9	Z_1-904-7	10	Z_1-904-9
	11	Z_1-902-5	12	
(A)XC-DJ	13	Z_1-904-5	14	Z_1-904-6
	15	Z_1-902-14	16	
F_5-DJ	17	Z_1-805-7	18	Z_1-805-9
	19	Z_1-802-6	20	
F_5-2DJ	21	Z_1-804-7	22	Z_1-804-9
	23	Z_1-802-5	24	
Z_1-DJ	25	Z_1-804-5	26	Z_1-804-6
			28	
	29		30	
	31		32	
	33	KF 34 Z_1-406-4	34	KF 33 CJ_2-33
	35		36	
	37		38	
	39		40	
	41	BJ-13	42	
	43	BJ-12 CJ_2-45	44	
	45	BJ-11 Z_1-406-2 Z_1-606-2 KZ	46	
	47	OUT	48	12 V−

采集板2 CJ_2

信号机	端子	外连端子	端子	外连端子
F_2-DJ	1	Z_1-205-7	2	Z_1-205-9
	3	Z_1-202-6	4	
F_2-2DJ	5	Z_1-204-7	6	Z_1-204-9
	7	Z_1-202-5	8	
Z_2-DJ	9	Z_1-204-5	10	Z_1-204-6
			12	
(A)SC-DJ	13	Z_1-105-7	14	Z_1-105-8
	15	Z_1-102-7	16	Z_1-102-8
Z_4-DJ	17	Z_1-304-5	18	Z_1-304-6
			20	
	21		22	
	23		24	
	25		26	
	27		28	
	29		30	
	31		32	
	33	KF 34 CJ_1-34	34	KF 33 CJ_3-33
	35		36	
	37		38	
	39		40	
	41	BJ-13	42	
	43	BJ-12 CJ_3-45	44	
	45	BJ-11 CJ_1-43	46	
	47	OUT	48	12 V−

采集板3 CJ_3

信号机	端子	外连端子	端子	外连端子
(B)SC-DJ	1	Z_1-705-8	2	Z_1-705-9
	3	Z_1-705-5	4	
(B)XC-DJ	5	Z_1-704-8	6	Z_1-704-9
	7	Z_1-704-5	8	
(C)SC-DJ	9	Z_1-605-8	10	Z_1-605-9
	11	Z_1-605-5	12	
(C)XC-DJ	13	Z_1-604-8	14	Z_1-604-9
	15	Z_1-604-5	16	
	17		18	
	19		20	
	21		22	
	23		24	
	25		26	
	27		28	
	29		30	
	31		32	
	33	KF 34 CJ_2-34	34	KF 33 Z_1-606-4
	35		36	
	37		38	
	39		40	
	41	BJ-13	42	
	43	BJ-12 Z_3-603-10	44	
	45	BJ-11 CJ_2-43	46	
	47	OUT	48	12 V−

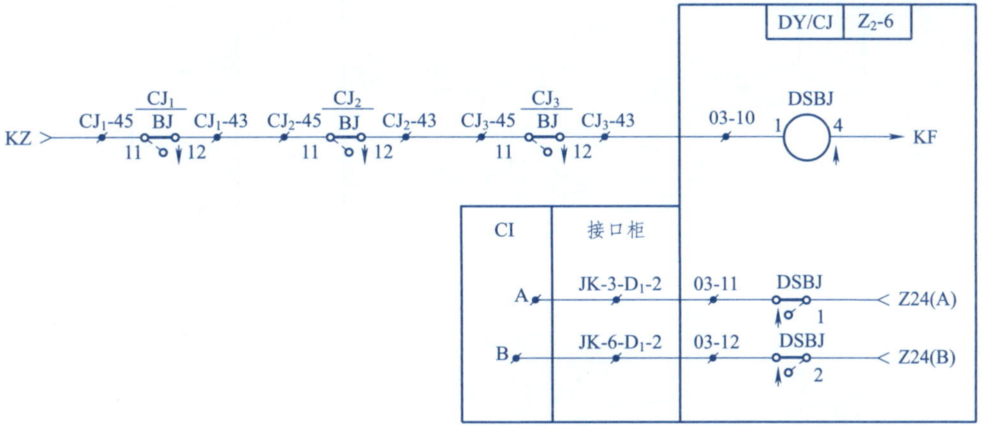

图08 灯丝报警采集电路及配线图

道岔	组合位置(CT)	A机						B机						组合位置(TDF_2)	A机		B机	
		至接口柜端子													至接口柜端子			
		DCJ-1	DCJ-2	FCJ-1	FCJ-2	DCQDJ-1	DCQDJ-2	DCJ-3	DCJ-4	FCJ-3	FCJ-4	DCQDJ-3	DCQDJ-4		ZDBJ-72	ZFBJ-72	ZDBJ-82	ZFBJ-82
1号	Z_3-4(1)	01-1	01-2	01-6	01-7	01-11	01-12	01-3	01-4	01-8	01-9	01-13	01-14	Z_3-9	01-15	03-15	02-15	04-15
		JK-4-D_1-5	JK-4-D_1-6	JK-4-D_1-7	JK-4-D_1-8	JK-4-D_1-9	JK-4-D_1-10	JK-7-D_1-5	JK-7-D_1-6	JK-7-D_1-7	JK-7-D_1-8	JK-7-D_1-9	JK-7-D_1-10		JK-3-D_1-11	JK-3-D_1-12	JK-6-D_1-11	JK-6-D_1-12
3/6号	Z_3-4(2)	01-1	01-2	01-6	01-7	01-11	01-12	01-3	01-4	01-8	01-9	01-13	01-14	Z_3-7	01-15	03-15	02-15	04-15
		JK-4-D_1-17	JK-4-D_1-18	JK-4-D_1-19	JK-4-D_1-20	JK-4-D_1-25	JK-4-D_1-26	JK-7-D_1-17	JK-7-D_1-18	JK-7-D_1-19	JK-7-D_1-20	JK-7-D_1-25	JK-7-D_1-26		JK-3-D_1-15	JK-3-D_1-16	JK-6-D_1-15	JK-6-D_1-16
4/5号	Z_4-7(2)	02-1	02-2	02-6	02-7	02-11	02-12	02-3	02-4	02-8	02-9	02-13	02-14	Z_4-10	01-15	03-15	02-15	04-15
		JK-4-D_1-27	JK-4-D_1-28	JK-4-D_1-29	JK-4-D_1-30	JK-4-D_1-31	JK-4-D_1-32	JK-7-D_1-27	JK-7-D_1-28	JK-7-D_1-29	JK-7-D_1-30	JK-7-D_1-31	JK-7-D_1-32		JK-3-D_1-17	JK-3-D_1-18	JK-6-D_1-17	JK-6-D_1-18
2号	Z_4-7(1)	01-1	01-2	01-6	01-7	01-11	01-12	01-3	01-4	01-8	01-9	01-13	01-14	Z_3-2	01-15	03-15	02-15	04-15
		JK-4-D_1-11	JK-4-D_1-12	JK-4-D_1-13	JK-4-D_1-14	JK-4-D_1-15	JK-4-D_1-16	JK-7-D_1-11	JK-7-D_1-12	JK-7-D_1-13	JK-7-D_1-14	JK-7-D_1-15	JK-7-D_1-16		JK-3-D_1-13	JK-3-D_1-14	JK-6-D_1-13	JK-6-D_1-14

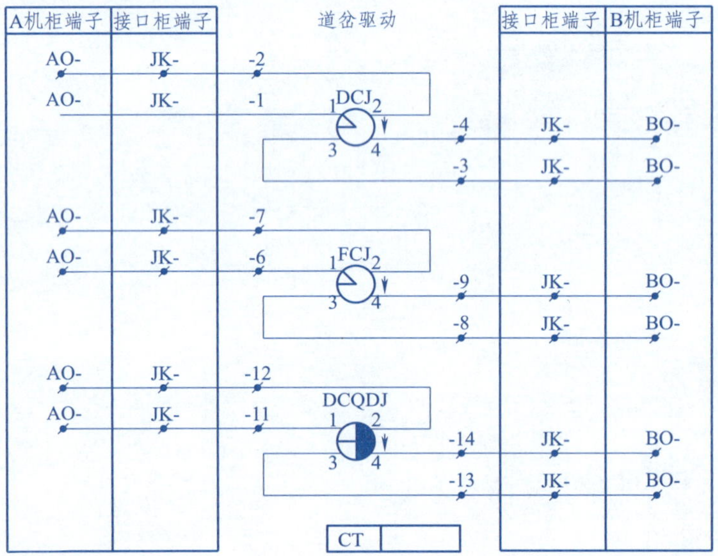

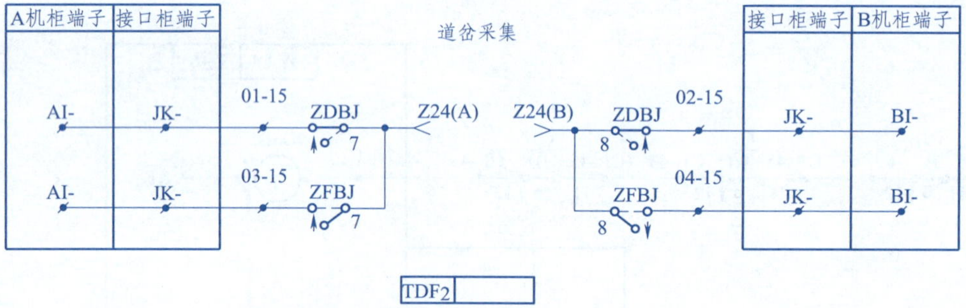

图09　道岔驱动及采集电路图

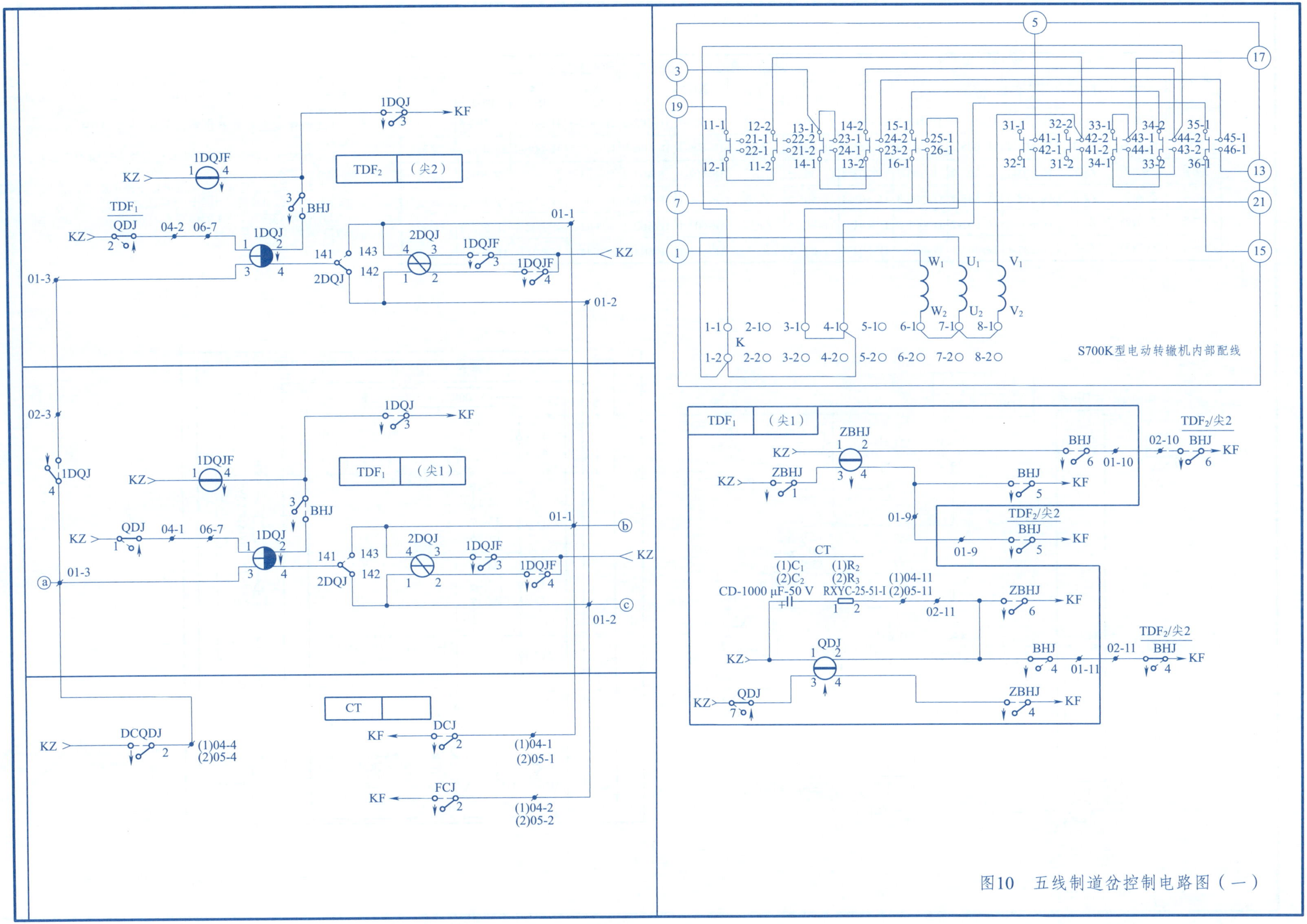

图10　五线制道岔控制电路图（一）

道岔号	组合位置		至分线柜端子（尖1）					组合位置	至分线柜端子（尖2）					单/双动道岔
	CT	TDF_1	X1 05-1	X2 05-2	X3 05-3	X4 05-4	X5 05-5	TDF_2	X1 05-1	X2 05-2	X3 05-3	X4 05-4	X5 05-5	
1号	Z_3-4(1)	Z_3-10	1F-501-1	1F-501-2	1F-501-3	1F-501-4	1F-501-5	Z_3-9	1F-502-1	1F-502-2	1F-502-3	1F-502-4	1F-502-5	单动
2号	Z_4-7(1)	Z_3-3	1F-605-1	1F-605-2	1F-605-3	1F-605-4	1F-605-5	Z_3-2	1F-606-1	1F-606-2	1F-606-3	1F-606-4	1F-606-5	单动
3/6号	Z_3-4(2)	Z_3-8	1F-305-1	1F-303-2	1F-303-3	1F-303-4	1F-303-5	Z_3-7	1F-404-1	1F-404-2	1F-404-3	1F-404-4	1F-404-5	双动
3/6号	Z_3-4(2)	Z_4-9	1F-505-1	1F-505-2	1F-505-3	1F-505-4	1F-505-5	Z_4-8	1F-506-1	1F-506-2	1F-506-3	1F-506-4	1F-506-5	双动
4/5号	Z_4-7(2)	Z_3-1	1F-601-1	1F-601-2	1F-601-3	1F-601-4	1F-601-5	Z_4-10	1F-602-1	1F-602-2	1F-602-3	1F-602-4	1F-602-5	双动
4/5号	Z_4-7(2)	Z_3-6	1F-603-1	1F-603-2	1F-603-3	1F-603-4	1F-603-5	Z_3-5	1F-604-1	1F-604-2	1F-604-3	1F-604-4	1F-604-5	双动

说明：

1.本图适用于三相交流电动转辙机双机牵引外锁辙叉道岔，第一牵引点转辙机采用S700K型，第二牵引点转辙机采用S700K型。

2.道岔控制电路为五线制，尖轨1与尖轨2转辙机分设控制电路。

3.三相交流电动转辙机电缆单线芯数超过54 Ω需加芯，工作电流不大于2 A。

4.本图按照电动转辙机在定位时1，3排接点闭合设计，若转辙机在定位时2，4排接点闭合，需要做如下改变：

(1) X2与X3交叉，X4与X5交叉。

(2) 现场二极管颠倒极性。

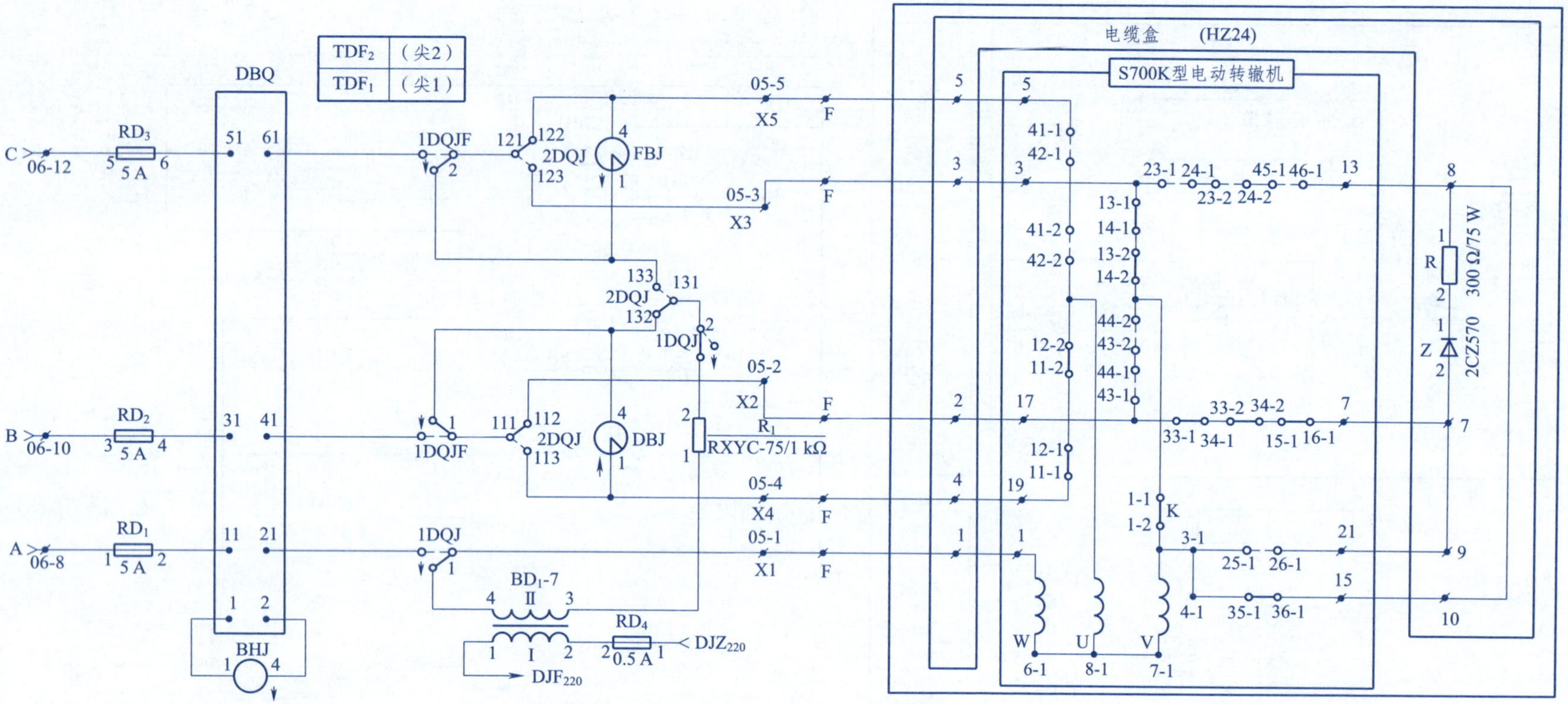

图10　五线制道岔控制电路图（二）

双动道岔

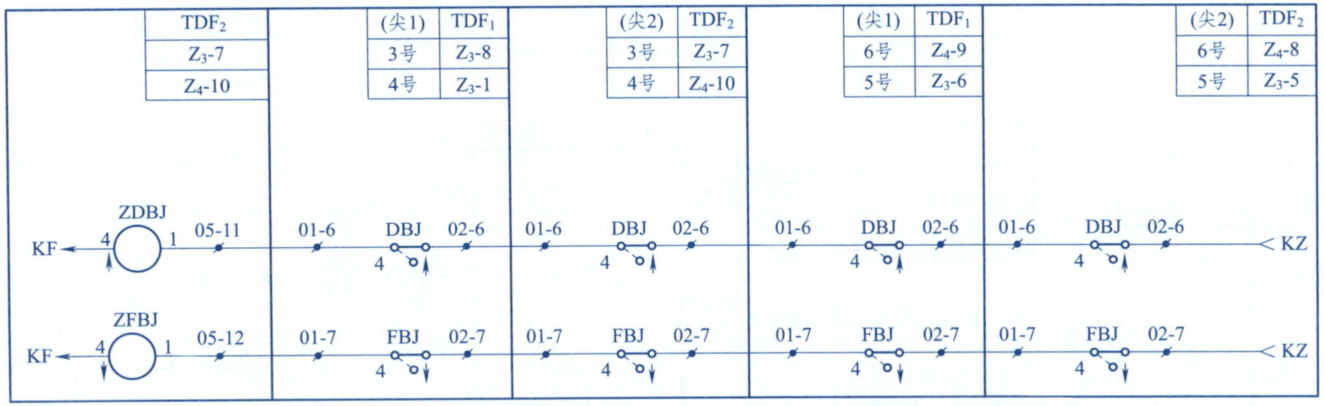

单动道岔

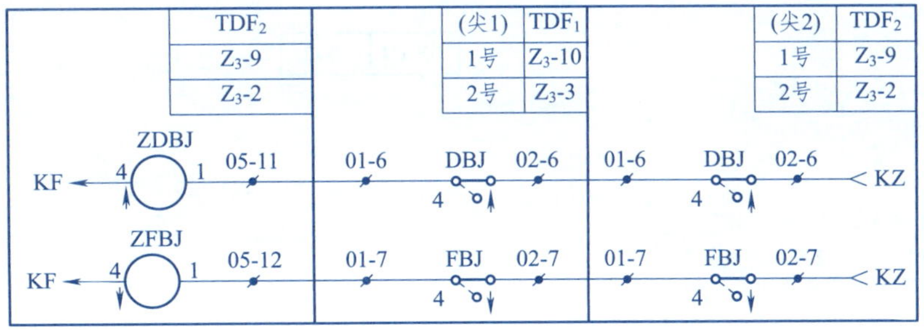

图10　五线制道岔控制电路图（三）

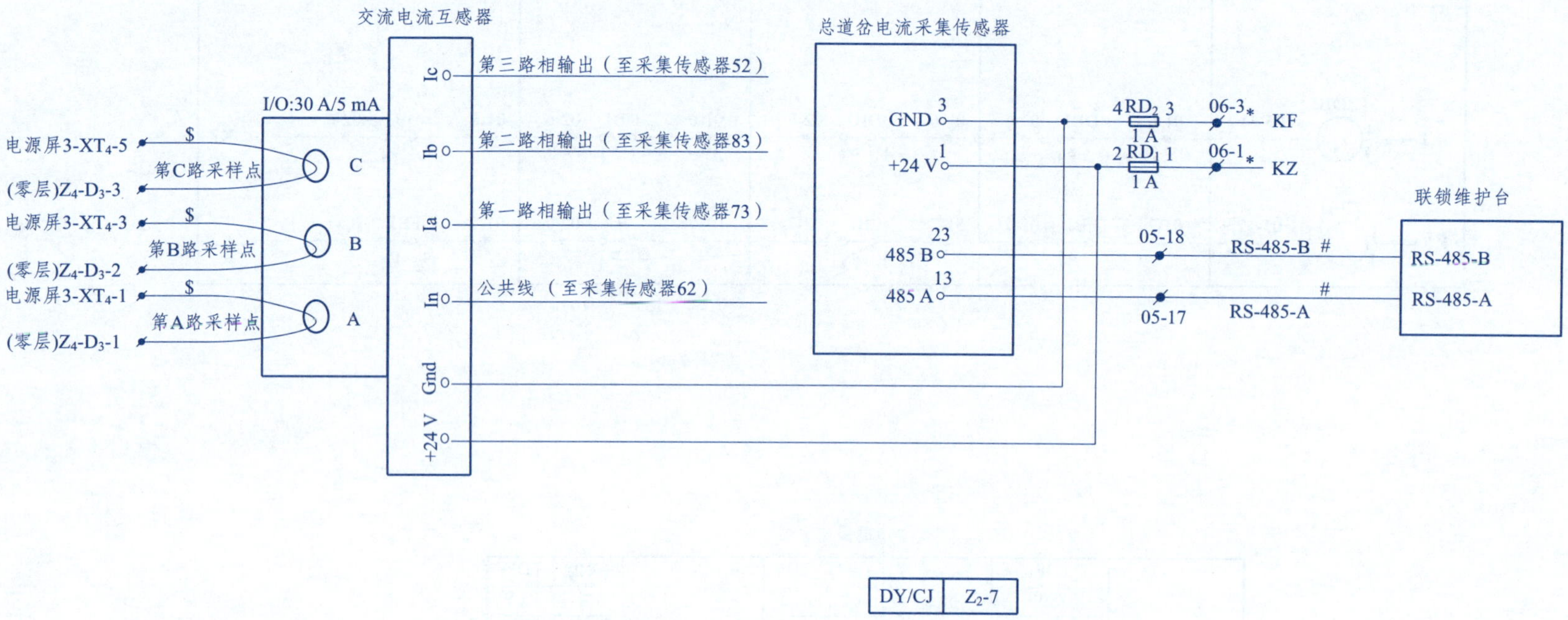

说明：

1.交流电流互感器需要和总道岔电流采集器邻近安装。

2.带“#”符号的配线采用SBVVP16×0.15×2双芯对绞屏蔽线。

3.“*”所用线截面积为1.5 mm^2，“\$”所用线截面积为4 mm^2。

4.通信方式：总道岔电流采集器和联锁维护台的串口卡直接相连。

5.交流电流互感器采样的电流为该集中站全部道岔动作的总电流。

图11　道岔动作电流采集电路图

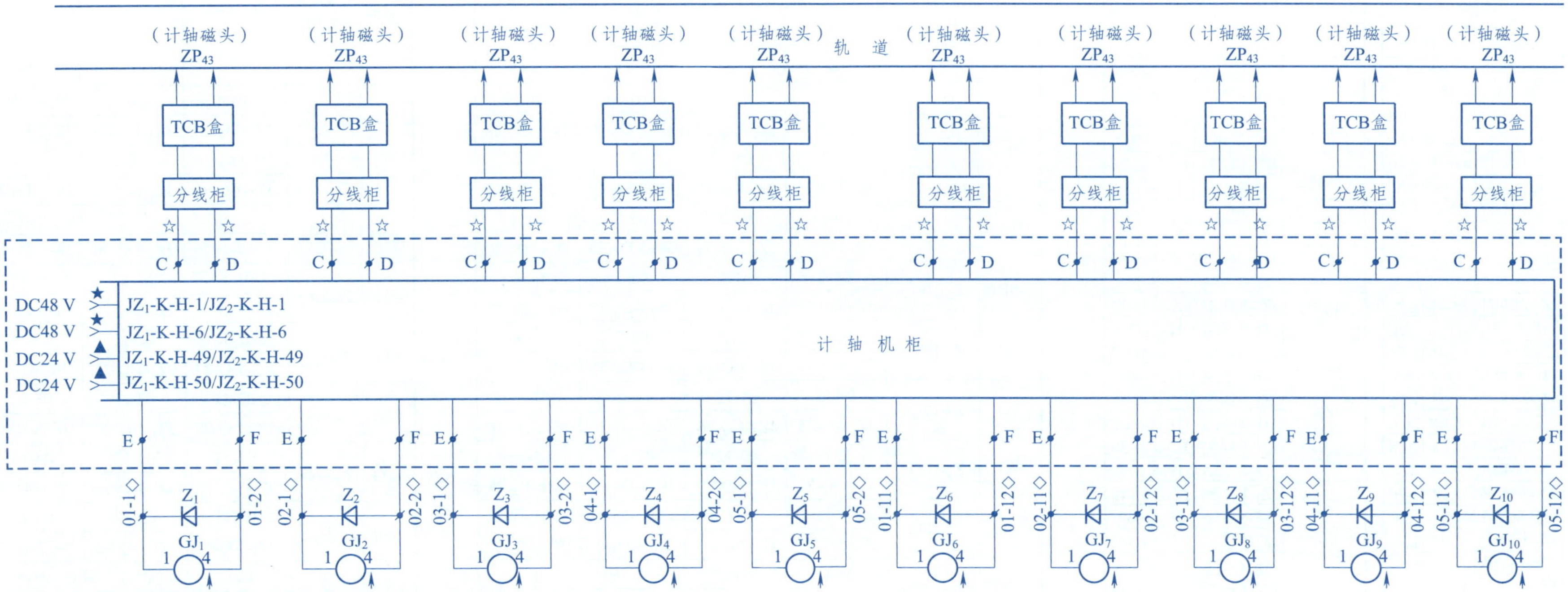

	组合位置	1	2	3	4	5	6	7	8	9	10
GJ	Z_5-10	1G	3G	1DG	3-5DG	5G	7G	9G	11G	13G	15G
	Z_5-9	17G	19G	21G	23G	25G					
	Z_5-8	2G	4G	6G	8G	2DG	4-6DG	10G	12G	14DG	16DG
	Z_5-7	18G	20G	22G	24G	26G					

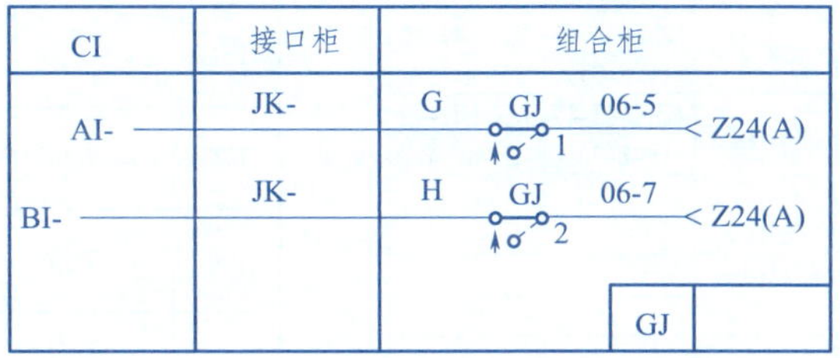

说明：
1.端子号举例说明：K-H-1表示K层后面端子1，K-Q-40表示K层前面端子40。
2.配线均采用聚氯乙烯绝缘聚氯乙烯护套对绞屏蔽软线，☆符号采用RVSP 5×2×0.5 mm²，绞合节距不大于30 mm，成对使用；◇符号采用 RVSP 25×2×0.14 mm²，绞合节距不大于30 mm，成对使用；▲符号采用 RVSP 2×0.5 mm²；★符号采用 RVSP 2×4 mm²。
3.(YL)JZ1、(YL)JZ2指与右邻联锁区分界处的计轴。

图12　计轴设备控制及联锁采集电路图（一）

计轴点	计轴机柜端子 分线柜 C	D
JZ_1	JZ_2-J-H-11	JZ_2-J-H-12
	1F-8-3A	1F-8-4A
JZ_3	JZ_2-J-H-13	JZ_2-J-H-14
	1F-8-5A	1F-8-6A
JZ_5	JZ_2-J-H-15	JZ_2-J-H-16
	1F-8-7A	1F-8-8A
JZ_7	JZ_2-J-H-17	JZ_2-J-H-18
	1F-8-9A	1F-8-10A
JZ_9	JZ_2-J-H-19	JZ_2-J-H-20
	1F-8-11A	1F-8-12A
JZ_{11}	JZ_2-J-H-21	JZ_2-J-H-22
	1F-8-13A	1F-8-14A
JZ_{13}	JZ_2-J-H-23	JZ_2-J-H-24
	1F-8-15A	1F-8-16A
JZ_{15}	JZ_2-J-H-25	JZ_2-J-H-26
	1F-8-17A	1F-8-18A
JZ_{17}	JZ_2-J-H-27	JZ_2-J-H-28
	1F-8-19A	1F-8-20A
JZ_{19}	JZ_2-J-H-29	JZ_2-J-H-30
	1F-8-21A	1F-8-22A
JZ_{21}	JZ_2-J-H-31	JZ_2-J-H-32
	1F-8-23A	1F-8-24A
JZ_{23}	JZ_2-J-H-33	JZ_2-J-H-34
	1F-8-25A	1F-8-26A
JZ_{25}	JZ_2-J-H-35	JZ_2-J-H-36
	1F-8-27A	1F-8-28A
JZ_{27}	JZ_2-J-H-37	JZ_2-J-H-38
	1F-8-29A	1F-8-30A
JZ_{29}	JZ_2-J-H-39	JZ_2-J-H-40
	1F-8-31A	1F-8-32A
JZ_{31}	JZ_2-J-H-41	JZ_2-J-H-42
	1F-8-33A	1F-8-34A
(YL)JZ_1	JZ_2-J-H-43	JZ_2-J-H-44
	1F-8-35A	1F-8-36A
JZ_2	JZ_1-J-H-11	JZ_1-J-H-12
	1F-8-37A	1F-8-38A
JZ_4	JZ_1-J-H-13	JZ_1-J-H-14
	1F-8-39A	1F-8-40A
JZ_6	JZ_1-J-H-15	JZ_1-J-H-16
	1F-8-41A	1F-8-42A
JZ_8	JZ_1-J-H-17	JZ_1-J-H-18
	1F-8-43A	1F-8-44A
JZ_{10}	JZ_1-J-H-19	JZ_1-J-H-20
	1F-8-45A	1F-8-46A

计轴点	计轴机柜端子 分线柜 C	D
JZ_{12}	JZ_1-J-H-21	JZ_1-J-H-22
	1F-8-47A	1F-8-48A
JZ_{14}	JZ_1-J-H-23	JZ_1-J-H-24
	1F-8-49A	1F-8-50A
JZ_{16}	JZ_1-J-H-25	JZ_1-J-H-26
	1F-8-51A	1F-8-52A
JZ_{18}	JZ_1-J-H-27	JZ_1-J-H-28
	1F-8-53A	1F-8-54A
JZ_{20}	JZ_1-J-H-29	JZ_1-J-H-30
	1F-8-55A	1F-8-56A
JZ_{22}	JZ_1-J-H-31	JZ_1-J-H-32
	1F-8-57A	1F-8-58A
JZ_{24}	JZ_1-J-H-33	JZ_1-J-H-34
	1F-8-59A	1F-8-60A
JZ_{26}	JZ_1-J-H-35	JZ_1-J-H-36
	1F-8-61A	1F-8-62A
JZ_{28}	JZ_1-J-H-37	JZ_1-J-H-38
	1F-8-63A	1F-8-64A
JZ_{30}	JZ_1-J-II-39	JZ_1-J-H-40
	1F-8-65A	1F-8-66A
JZ_{32}	JZ_1-J-H-41	JZ_1-J-H-42
	1F-8-67A	1F-8-68A
JZ_{34}	JZ_1-J-H-43	JZ_1-J-H-44
	1F-8-69A	1F-8-70A
JZ_{36}	JZ_1-J-H-45	JZ_1-J-H-46
	1F-8-71A	1F-8-72A
(YL)JZ_2	JZ_1-J-H-47	JZ_1-J-H-48
	1F-8-73A	1F-8-74A

区段	GJ组合位置	GJ GJ-1 E	GJ-4 F	采集 GJ-12(A) G	GJ-22(B) H
1G	Z_5-10(1)	01-1	01-2	01-5	01-6
		JZ_2-J-Q-33	JZ_2-J-Q-34	JK-3-D_2-28	JK-6-D_2-28
3G	Z_5-10(2)	02-1	02-2	02-5	02-6
		JZ_2-J-Q-35	JZ_2-J-Q-36	JK-3-D_2-32	JK-6-D_2-32
1DG	Z_5-10(3)	03-1	03-2	03-5	03-6
		JZ_2-J-Q-37	JZ_2-J-Q-38	JK-3-D_3-26	JK-6-D_3-26
3-5DG	Z_5-10(4)	04-1	04-2	04-5	04-6
		JZ_2-J-Q-39	JZ_2-J-Q-40	JK-3-D_3-28	JK-6-D_3-28
5G	Z_5-10(5)	05-1	05-2	05-5	05-6
		JZ_2-J-Q-73	JZ_2-J-Q-74	JK-3-D_2-34	JK-6-D_2-34
7G	Z_5-10(6)	01-11	01-12	01-15	01-16
		JZ_2-J-Q-75	JZ_2-J-Q-76	JK-3-D_2-36	JK-6-D_2-36
9G	Z_5-10(7)	02-11	02-12	02-15	02-16
		JZ_2-J-Q-77	JZ_2-J-Q-78	JK-3-D_2-38	JK-6-D_2-38
11G	Z_5-10(8)	03-11	03-12	03-15	03-16
		JZ_2-J-Q-79	JZ_2-J-Q-80	JK-3-D_3-2	JK-6-D_3-2
13G	Z_5-10(9)	04-11	04-12	04-15	04-16
		JZ_2-J-Q-93	JZ_2-J-Q-94	JK-3-D_3-4	JK-6-D_3-4
15G	Z_5-10(10)	05-11	05-12	05-15	05-16
		JZ_2-J-Q-95	JZ_2-J-Q-96	JK-3-D_3-6	JK-6-D_3-6
17G	Z_5-9(1)	01-1	01-2	01-5	01-6
		JZ_2-J-Q-97	JZ_2-J-Q-98	JK-3-D_3-8	JK-6-D_3-8
19G	Z_5-9(2)	02-1	02-2	02-5	02-6
		JZ_2-J-Q-99	JZ_2-J-Q-100	JK-3-D_3-12	JK-6-D_3-12
21G	Z_5-9(3)	03-1	03-2	03-5	03-6
		JZ_2-K-Q-13	JZ_2-K-Q-14	JK-3-D_3-14	JK-6-D_3-14
23G	Z_5-9(4)	04-1	04-2	04-5	04-6
		JZ_2-K-Q-15	JZ_2-K-Q-16	JK-3-D_3-16	JK-6-D_3-16
25G	Z_5-9(5)	05-1	05-2	05-5	05-6
		JZ_2-K-Q-17	JZ_2-K-Q-18	JK-3-D_3-18	JK-6-D_3-18
2G	Z_5-8(1)	01-1	01-2	01-5	01-6
		JZ_1-J-Q-33	JZ_1-J-Q-34	JK-3-D_2-31	JK-6-D_2-31
4G	Z_5-8(2)	02-1	02-2	02-5	02-6
		JZ_1-J-Q-35	JZ_1-J-Q-36	JK-3-D_2-33	JK-6-D_2-33

区段	GJ组合位置	GJ GJ-1 E	GJ-4 F	采集 GJ-12(A) G	GJ-22(B) H
6G	Z_5-8(3)	03-1	03-2	03-5	03-6
		JZ_1-J-Q-37	JZ_1-J-Q-38	JK-3-D_2-35	JK-6-D_2-35
8G	Z_5-8(4)	04-1	04-2	04-5	04-6
		JZ_1-J-Q-39	JZ_1-J-Q-40	JK-3-D_2-37	JK-6-D_2-37
2DG	Z_5-8(5)	05-1	05-2	05-5	05-6
		JZ_1-J-Q-75	JZ_1-J-Q-76	JK-3-D_3-27	JK-6-D_3-27
4-6DG	Z_5-8(6)	01-11	01-12	01-15	01-16
		JZ_1-J-Q-73	JZ_1-J-Q-74	JK-3-D_3-31	JK-6-D_3-31
10G	Z_5-8(7)	02-11	02-12	02-15	02-16
		JZ_1-J-Q-77	JZ_1-J-Q-78	JK-3-D_3-1	JK-6-D_3-1
12G	Z_5-8(8)	03-11	03-12	03-15	03-16
		JZ_1-J-Q-79	JZ_1-J-Q-80	JK-3-D_3-3	JK-6-D_3-3
14G	Z_5-8(9)	04-11	04-12	04-15	04-16
		JZ_1-J-Q-93	JZ_1-J-Q-94	JK-3-D_3-5	JK-6-D_3-5
16G	Z_5-8(10)	05-11	05-12	05-15	05-16
		JZ_1-J-Q-95	JZ_1-J-Q-96	JK-3-D_3-7	JK-6-D_3-7
18G	Z_5-7(1)	01-1	01-2	01-5	01-6
		JZ_1-J-Q-97	JZ_1-J-Q-98	JK-3-D_3-11	JK-6-D_3-11
20G	Z_5-7(2)	02-1	02-2	02-5	02-6
		JZ_1-J-Q-99	JZ_1-J-Q-100	JK-3-D_3-13	JK-6-D_3-13
22G	Z_5-7(3)	03-1	03-2	03-5	03-6
		JZ_1-K-Q-13	JZ_1-K-Q-14	JK-3-D_3-15	JK-6-D_3-15
24G	Z_5-7(4)	04-1	04-2	04-5	04-6
		JZ_1-K-Q-15	JZ_1-K-Q-16	JK-3-D_3-17	JK-6-D_3-17
26G	Z_5-7(5)	05-1	05-2	05-5	05-6
		JZ_1-K-Q-17	JZ_1-K-Q-18	JK-3-D_3-21	JK-6-D_3-21

图12　计轴设备控制及联锁采集电路图（二）

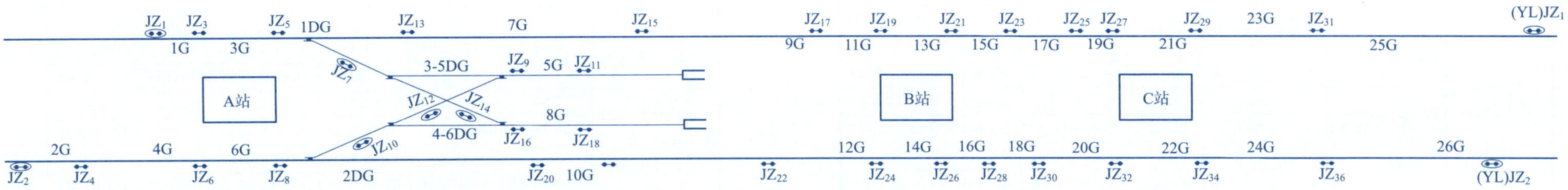

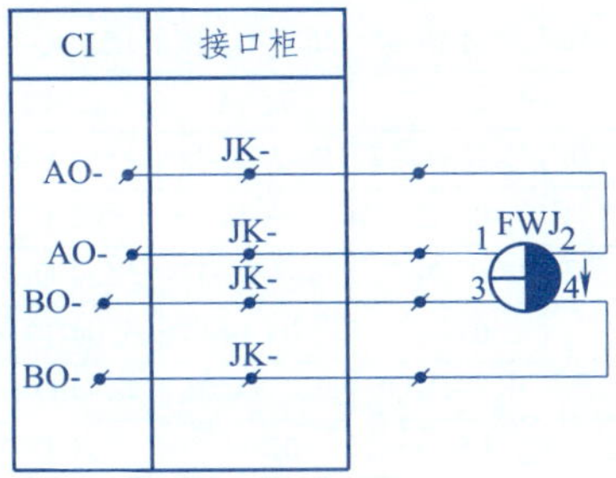

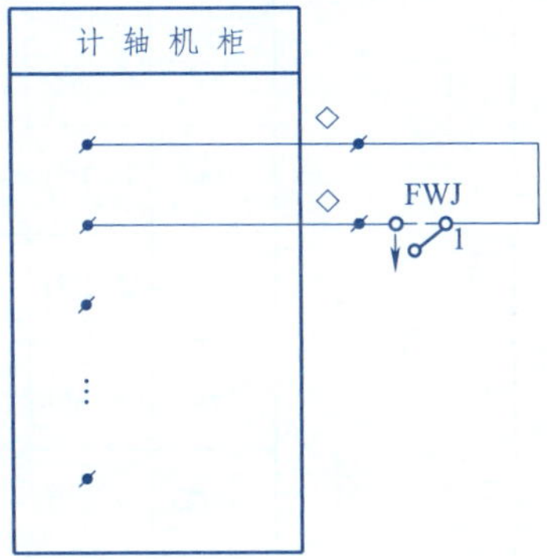

说明：计轴机柜引出的复零线，即◇符号所示采用聚氯乙烯绝缘聚氯乙烯护套对绞屏蔽软线RVSP 25×2×0.14 mm²，绞合节距不大于30 mm，成对使用。

	组合位置	1	2	3	4	5	6	7	8	9	10
FWJ	Z_5-5	1G	3G	1DG	3-5DG	5G	7G	9G	11G	13G	15G
	Z_5-4	17G	19G	21G	23G	25G					
	Z_5-3	2G	4G	6G	8G	2DG	4-6DG	10G	12G	14G	16G
	Z_5-2	18G	20G	22G	24G	26G					

图13　计轴设备复位及驱动采集电路图（一）

区段	FWJ组合位置	驱动				复位	
		FWJ-1	FWJ-2	FWJ-3	FWJ-4	FWJ-11 计轴机柜	FWJ-12 计轴机柜
1G	Z_5-5(1)	01-1	01-2	01-3	01-4	01-7	01-8
		JK-4-D_4-5	JK-4-D_4-6	JK-7-D_4-5	JK-7-D_4-6	JZ_2-J-Q-21	JZ_2-J-Q-43
3G	Z_5-5(2)	02-1	02-2	02-3	02-4	02-7	02-8
		JK-4-D_4-9	JK-4-D_4-10	JK-7-D_4-9	JK-7-D_4-10	JZ_2-J-Q-22	JZ_2-J-Q-43
1DG	Z_5-5(3)	03-1	03-2	03-3	03-4	03-7	03-8
		JK-4-D_5-29	JK-4-D_5-30	JK-7-D_5-29	JK-7-D_5-30	JZ_2-J-Q-23	JZ_2-J-Q-44
3-5DG	Z_5-5(4)	04-1	04-2	04-3	04-4	04-7	04-8
		JK-4-D_5-33	JK-4-D_5-34	JK-7-D_5-33	JK-7-D_5-34	JZ_2-J-Q-24	JZ_2-J-Q-44
5G	Z_5-5(5)	05-1	05-2	05-3	05-4	05-7	05-8
		JK-4-D_4-13	JK-4-D_4-14	JK-7-D_4-13	JK-7-D_4-14	JZ_2-J-Q-61	JZ_2-J-Q-45
7G	Z_5-5(6)	01-11	01-12	01-13	01-14	01-17	01-18
		JK-4-D_4-17	JK-4-D_4-18	JK-7-D_4-17	JK-7-D_4-18	JZ_2-J-Q-62	JZ_2-J-Q-45
9G	Z_5-5(7)	02-11	02-12	02-13	02-14	02-17	02-18
		JK-4-D_4-25	JK-4-D_4-26	JK-7-D_4-25	JK-7-D_4-26	JZ_2-J-Q-63	JZ_2-J-Q-46
11G	Z_5-5(8)	03-11	03-12	03-13	03-14	03-17	03-18
		JK-4-D_4-29	JK-4-D_4-30	JK-7-D_4-29	JK-7-D_4-30	JZ_2-J-Q-64	JZ_2-J-Q-46
13G	Z_5-5(9)	04-11	04-12	04-13	04-14	04-17	04-18
		JK-4-D_4-33	JK-4-D_4-34	JK-7-D_4-33	JK-7-D_4-34	JZ_2-J-Q-81	JZ_2-J-Q-47
15G	Z_5-5(10)	05-11	05-12	05-13	05-14	05-17	05-18
		JK-4-D_4-37	JK-4-D_4-38	JK-7-D_4-37	JK-7-D_4-38	JZ_2-J-Q-82	JZ_2-J-Q-47
17G	Z_5-4(1)	01-1	01-2	01-3	01-4	01-7	01-8
		JK-4-D_5-5	JK-4-D_5-6	JK-7-D_5-5	JK-7-D_5-6	JZ_2-J-Q-83	JZ_2-J-Q-48
19G	Z_5-4(2)	02-1	02-2	02-3	02-4	02-7	02-8
		JK-4-D_5-9	JK-4-D_5-10	JK-7-D_5-9	JK-7-D_5-10	JZ_2-J-Q-84	JZ_2-J-Q-48
21G	Z_5-4(3)	03-1	03-2	03-3	03-4	03-7	03-8
		JK-4-D_5-13	JK-4-D_5-14	JK-7-D_5-13	JK-7-D_5-14	JZ_2-K-Q-1	JZ_2-K-Q-41
23G	Z_5-4(4)	04-1	04-2	04-3	04-4	04-7	04-8
		JK-4-D_5-17	JK-4-D_5-18	JK-7-D_5-17	JK-7-D_5-18	JZ_2-K-Q-2	JZ_2-K-Q-41
25G	Z_5-4(5)	05-1	05-2	05-3	05-4	05-7	05-8
		JK-4-D_5-25	JK-4-D_5-26	JK-7-D_5-25	JK-7-D_5-26	JZ_2-K-Q-3	JZ_2-K-Q-42

区段	FWJ组合位置	驱动				复位	
		FWJ-1	FWJ-2	FWJ-3	FWJ-4	FWJ-11 计轴机柜	FWJ-12 计轴机柜
2G	Z_5-3(1)	01-1	01-2	01-3	01-4	01-7	01-8
		JK-4-D_4-7	JK-4-D_4-8	JK-7-D_4-7	JK-7-D_4-8	JZ_1-J-Q-21	JZ_1-J-Q-43
4G	Z_5-3(2)	02-1	02-2	02-3	02-4	02-7	02-8
		JK-4-D_4-11	JK-4-D_4-12	JK-7-D_4-11	JK-7-D_4-12	JZ_1-J-Q-22	JZ_1-J-Q-43
6G	Z_5-3(3)	03-1	03-2	03-3	03-4	03-7	03-8
		JK-4-D_4-15	JK-4-D_4-16	JK-7-D_4-15	JK-7-D_4-16	JZ_1-J-Q-23	JZ_1-J-Q-44
8G	Z_5-3(4)	04-1	04-2	04-3	04-4	04-7	04-8
		JK-4-D_4-19	JK-4-D_4-20	JK-7-D_4-19	JK-7-D_4-20	JZ_1-J-Q-24	JZ_1-J-Q-44
2DG	Z_5-3(5)	05-1	05-2	05-3	05-4	05-7	05-8
		JK-4-D_5-31	JK-4-D_5-32	JK-7-D_5-31	JK-7-D_5-32	JZ_1-J-Q-62	JZ_1-J-Q-45
4-6DG	Z_5-3(6)	01-11	01-12	01-13	01-14	01-17	01-18
		JK-5-D_5-35	JK-5-D_5-36	JK-8-D_5-35	JK-8-D_5-36	JZ_1-J-Q-61	JZ_1-J-Q-45
10G	Z_5-3(7)	02-11	02-12	02-13	02-14	02-17	02-18
		JK-4-D_4-27	JK-4-D_4-28	JK-7-D_4-27	JK-7-D_4-28	JZ_1-J-Q-63	JZ_1-J-Q-46
12G	Z_5-3(8)	03-11	03-12	03-13	03-14	03-17	03-18
		JK-4-D_4-31	JK-4-D_4-32	JK-7-D_4-31	JK-7-D_4-32	JZ_1-J-Q-64	JZ_1-J-Q-46
14G	Z_5-3(9)	04-11	04-12	04-13	04-14	04-17	04-18
		JK-4-D_4-35	JK-4-D_4-36	JK-7-D_4-35	JK-7-D_4-36	JZ_1-J-Q-81	JZ_1-J-Q-47
16G	Z_5-3(10)	05-11	05-12	05-13	05-14	05-17	05-18
		JK-4-D_4-39	JK-4-D_4-40	JK-7-D_4-39	JK-7-D_4-40	JZ_1-J-Q-82	JZ_1-J-Q-47
18G	Z_5-2(1)	01-1	01-2	01-3	01-4	01-7	01-8
		JK-4-D_5-7	JK-4-D_5-8	JK-7-D_5-7	JK-7-D_5-8	JZ_1-J-Q-83	JZ_1-J-Q-48
20G	Z_5-2(2)	02-1	02-2	02-3	02-4	02-7	02-8
		JK-4-D_5-11	JK-4-D_5-12	JK-7-D_5-11	JK-7-D_5-12	JZ_1-J-Q-84	JZ_1-J-Q-48
22G	Z_5-2(3)	03-1	03-2	03-3	03-4	03-7	03-8
		JK-4-D_5-15	JK-4-D_5-16	JK-7-D_5-15	JK-7-D_5-16	JZ_1-K-Q-1	JZ_1-K-Q-41
24G	Z_5-2(4)	04-1	04-2	04-3	04-4	04-7	04-8
		JK-4-D_5-19	JK-4-D_5-20	JK-7-D_5-19	JK-7-D_5-20	JZ_1-K-Q-2	JZ_1-K-Q-41
26G	Z_5-2(5)	05-1	05-2	05-3	05-4	05-7	05-8
		JK-4-D_5-27	JK-4-D_5-28	JK-7-D_5-27	JK-7-D_5-28	JZ_1-K-Q-3	JZ_1-K-Q-42

端子号举例说明：K-H-1表示K层后面端子1，K-Q-40表示K层前面端子40。

图13　计轴设备复位及驱动采集电路图（二）

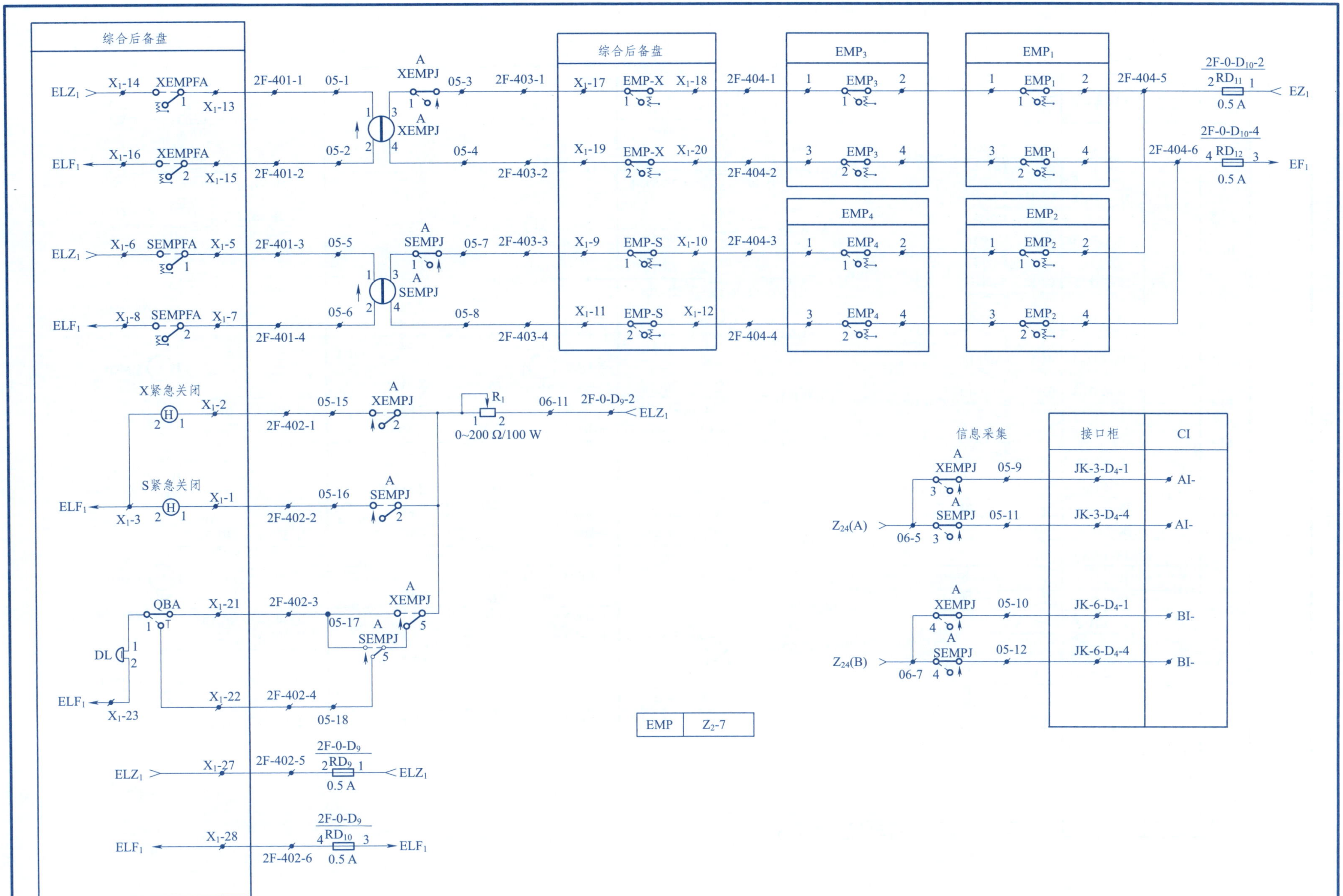

图14 A站紧急关闭控制及联锁采集电路图

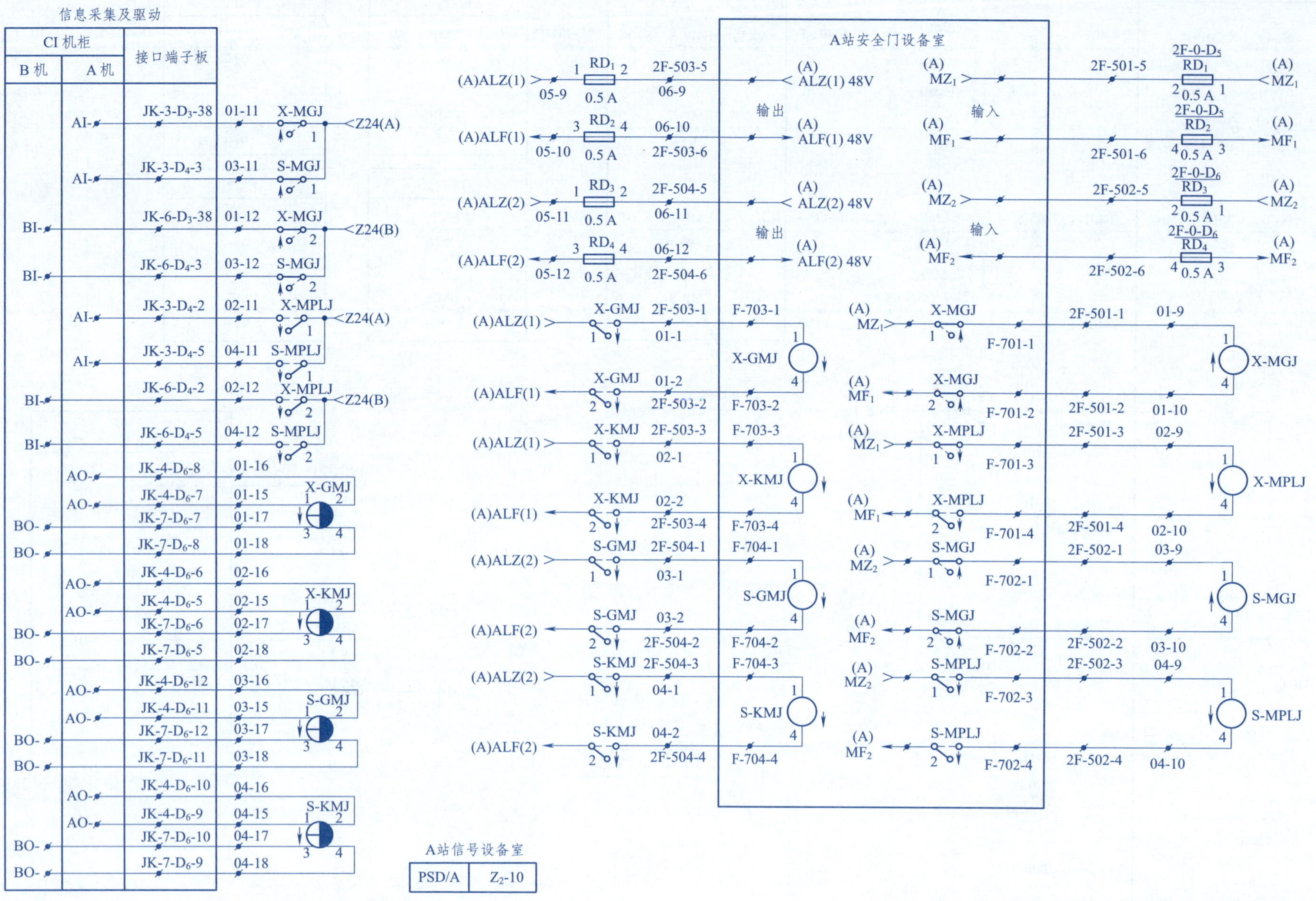

图15　A站安全门控制及联锁驱动采集电路图

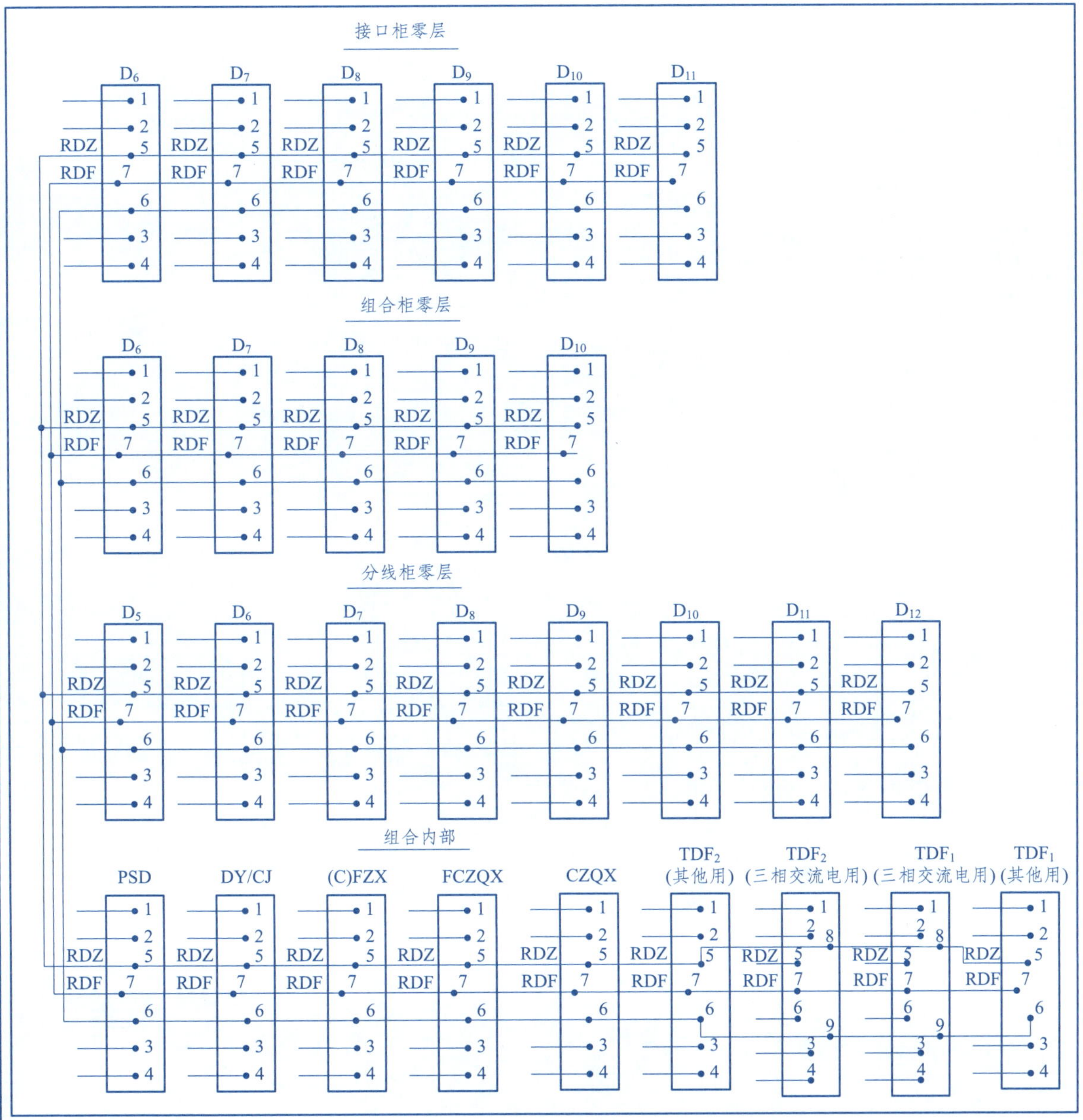

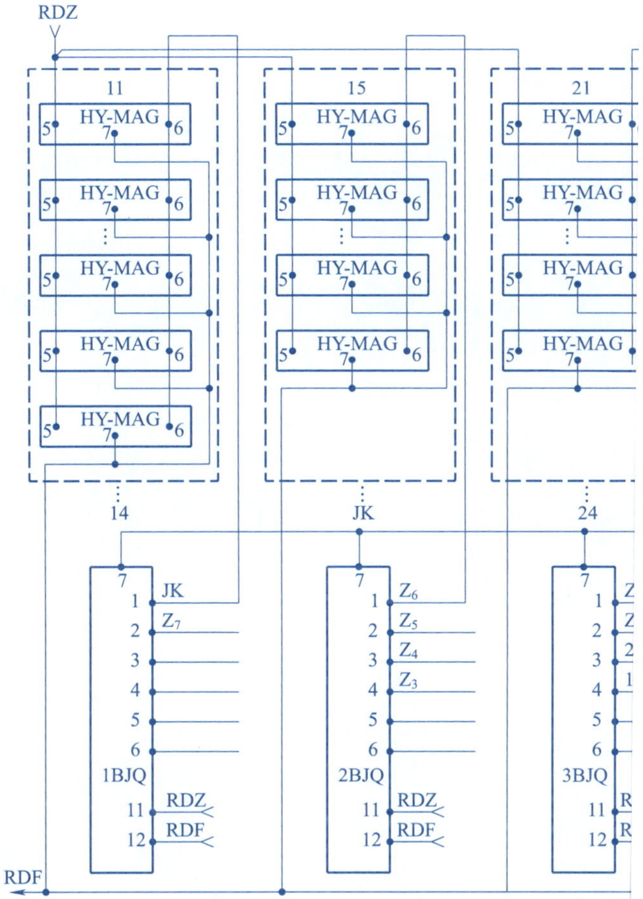

说明：

1.组合排架报警器(1BJQ、2BJQ、3BJQ)采用SP-905-04型。

2.各断路器的端子5(TDF_1、TDF_2三相交流用断路器为端子8
端子6(TDF_1、TDF_2三相交流用断路器为端子9)并联后接BJQ的
端子7(TDF_1、TDF_2三相交流用断路器为端子7)并联后接组合

3.RDZ环线：(RDZ)Z_3-D_{12}-15～1BJQ-11～JK-D_6-5～……～
～Z_2-D_6-5～……～1F-D_{12}-5～Z_3-D_{12}-15；
RDF环线：(RDF)Z_3-D_{12}-16～1BJQ-12～JK-D_6-7～……～Z_7-D
～Z_2-D_6-7～……～1F-D_{12}-7～Z_3-D_{12}-16。

4.交流电源采用SA2-G2型，直流电源采用SA2-H2型，并带

图

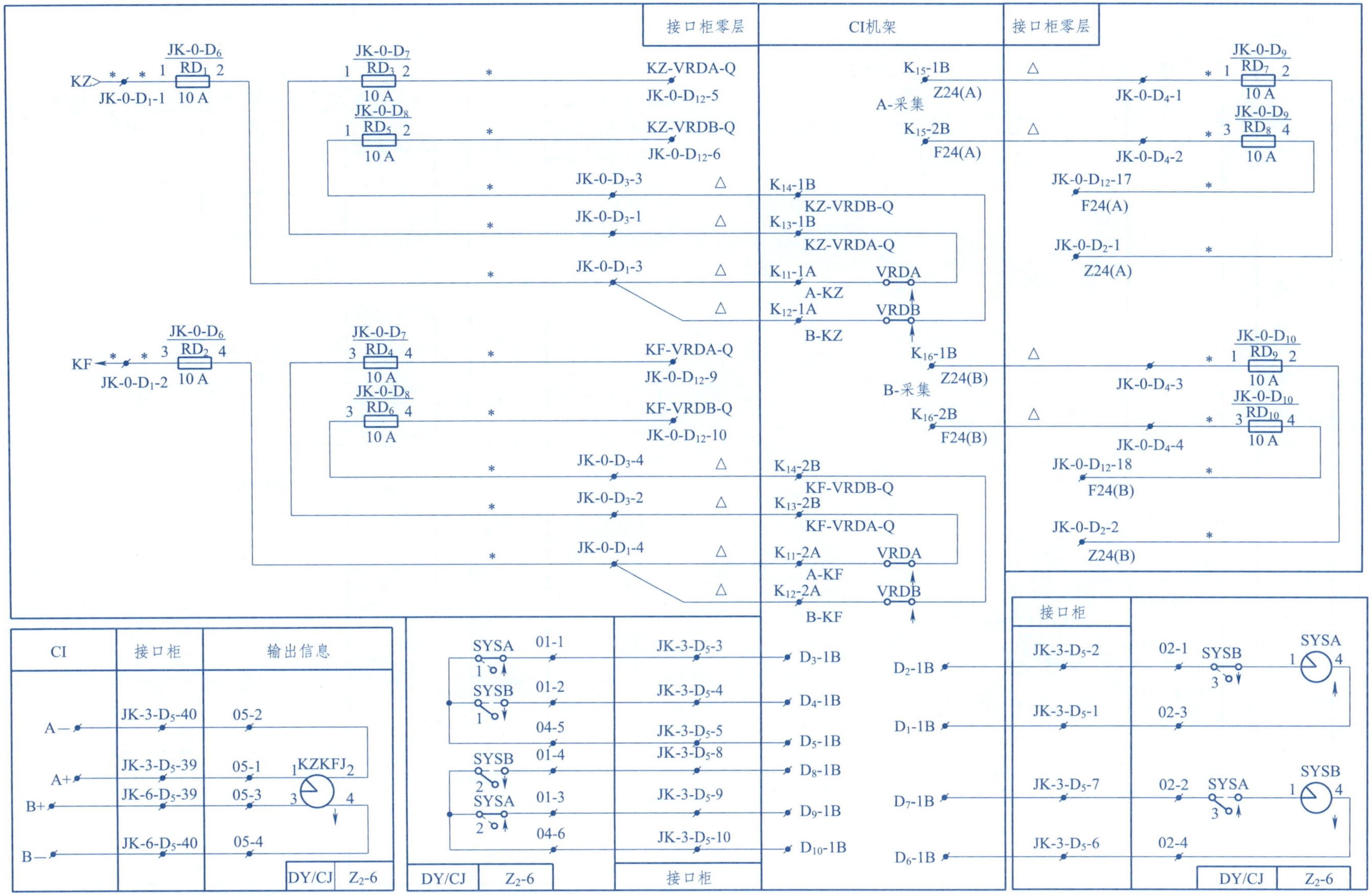

说明：1.图中带“*”号的配线采用的截面积为1.5～4 mm²；带“△”号的配线采用的截面积为4 mm²。
2.CI机架内D_1-D_{10}采用接口电缆连接，且每路采用双芯电缆连接，共10对。

图17　CI系统电源接口电路图

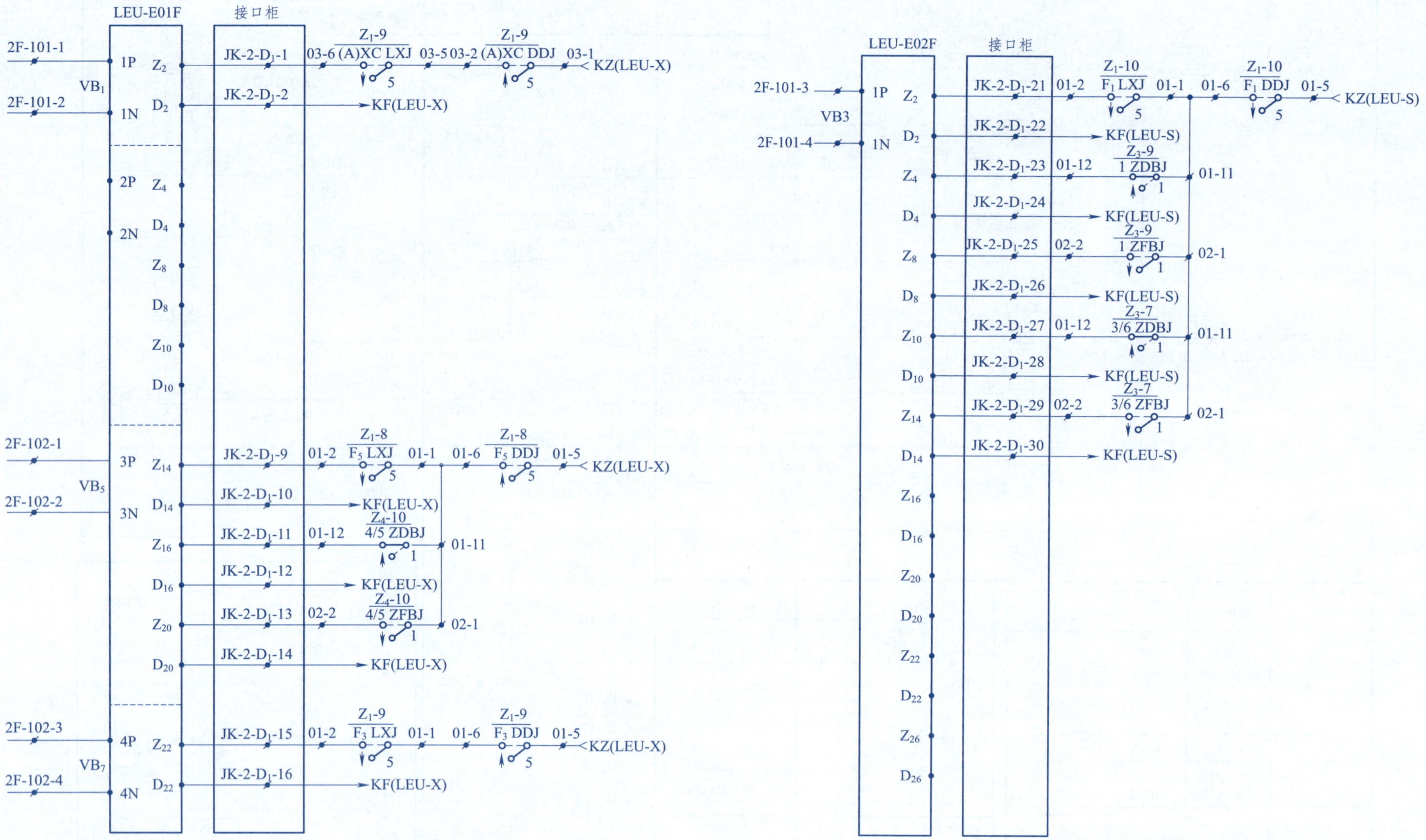

说明：

1.从分线柜至LEU编码器机箱的电缆采用LEU-BSY-PY-WDZC-2×1.14 mm。

2.从LEU编码器机箱至接口柜间电缆采用DWZR-RYYSP-2×0.4 mm的2芯双绞屏蔽数据电缆，线间绝缘不小于2 000 V。

图18　A站信标编码器（LEU）接口电路图（一）

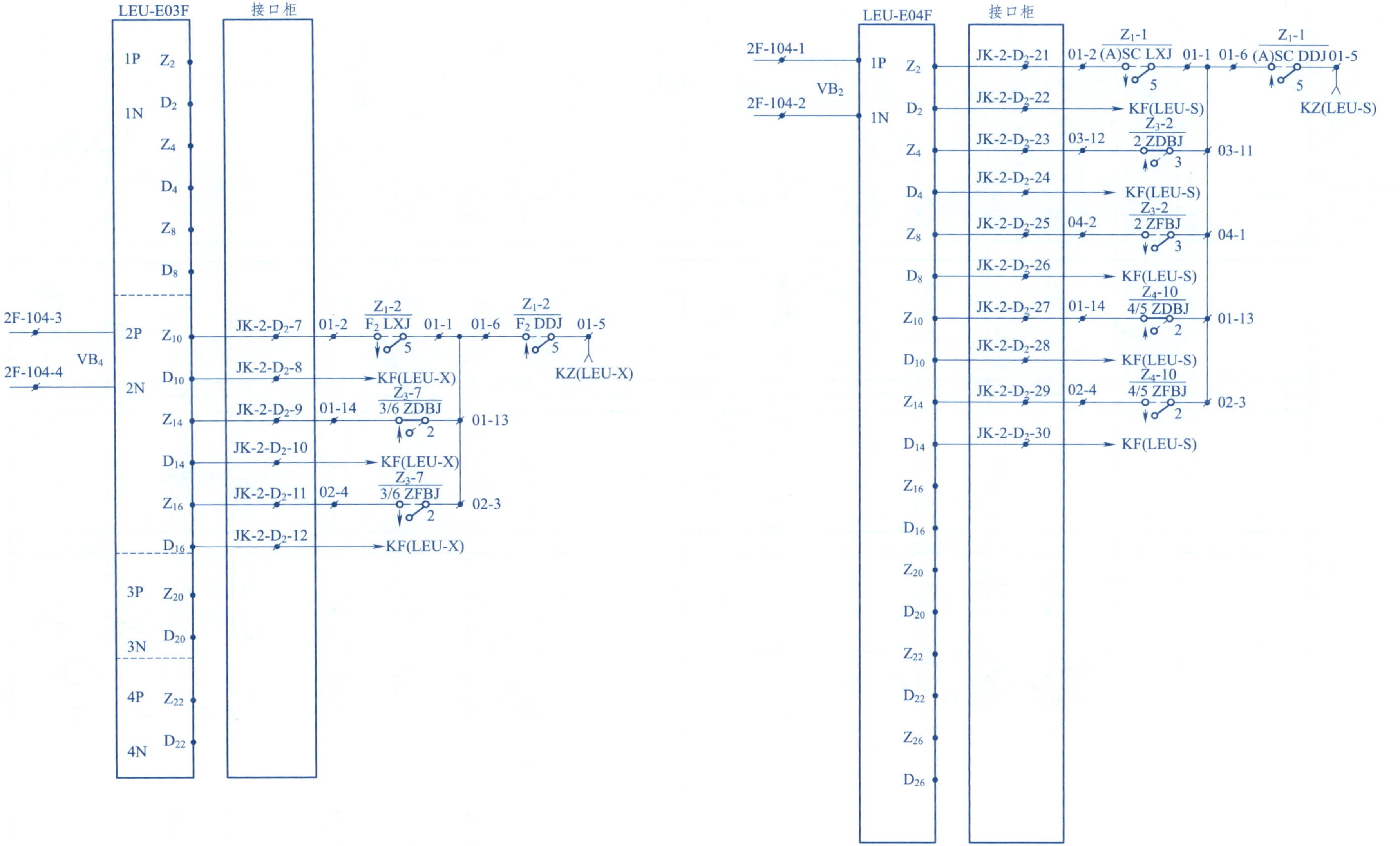

说明：

1.从分线柜至LEU编码器机箱的电缆采用LEU-BSY-PY-WDZC-2×1.14 mm。

2.从LEU编码器机箱至接口柜间电缆采用DWZR-RYYSP-2×0.4 mm的2芯双绞屏蔽数据电缆，线间绝缘不小于2 000 V。

图18　A站信标编码器（LEU）接口电路图（二）

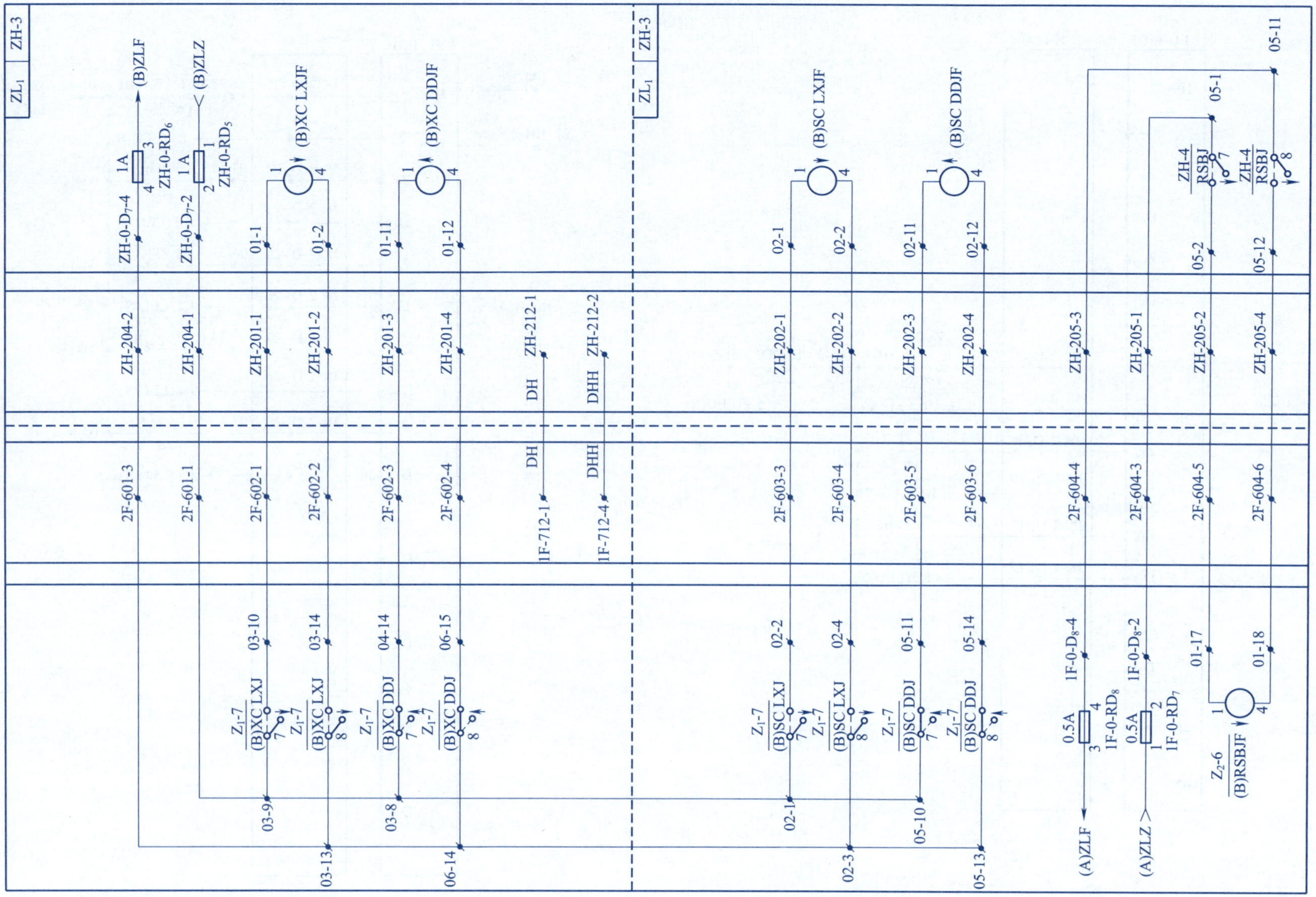

图19　A站与B站信标编码站间联系电路图

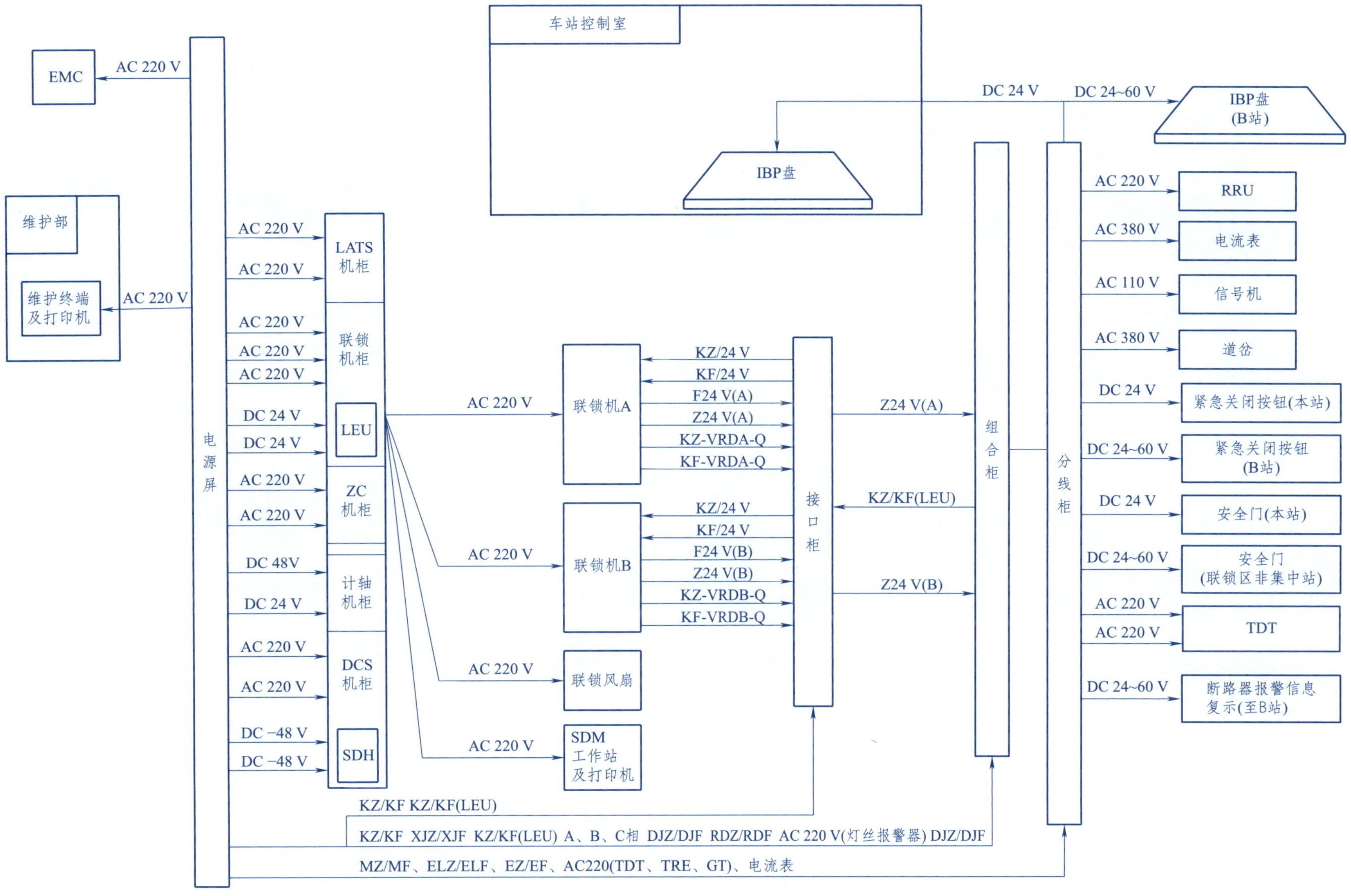

图20 A站电源原理示意图

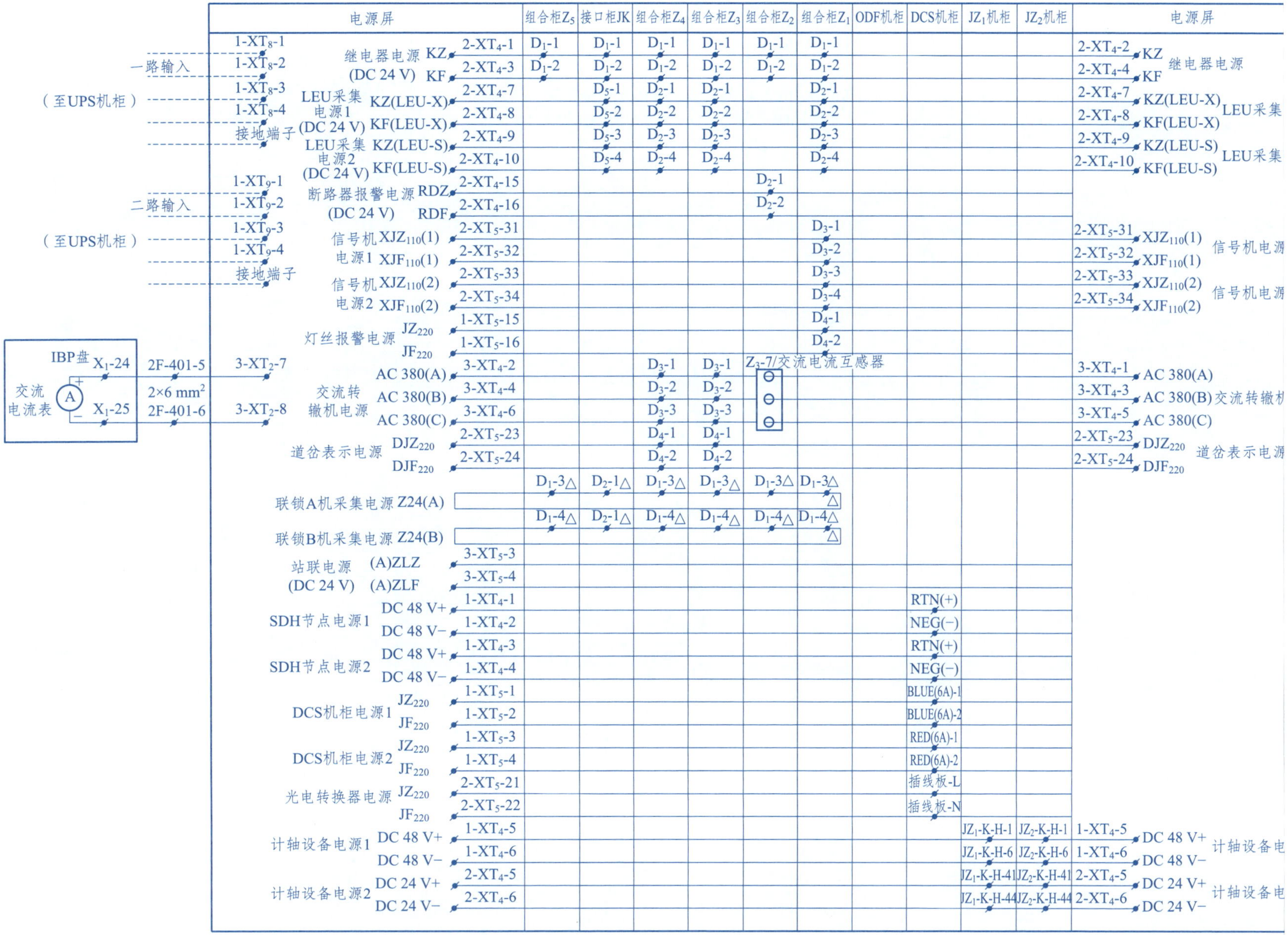
电源屏
组合柜Z5
接口柜JK
组合柜Z4
组合柜Z3
组合柜Z2
组合柜Z1
ODF机柜
DCS机柜
JZ1机柜
JZ2机柜
电源屏
一路输入
（至UPS机柜）
1-XT8-1
1-XT8-2
1-XT8-3
1-XT8-4
接地端子
二路输入
（至UPS机柜）
1-XT9-1
1-XT9-2
1-XT9-3
1-XT9-4
接地端子
继电器电源 KZ
(DC 24 V) KF
LEU采集电源1 KZ(LEU-X)
(DC 24 V) KF(LEU-X)
LEU采集电源2 KZ(LEU-S)
(DC 24 V) KF(LEU-S)
断路器报警电源 RDZ
(DC 24 V) RDF
信号机电源1 XJZ110(1)
XJF110(1)
信号机电源2 XJZ110(2)
XJF110(2)
灯丝报警电源 JZ220
JF220
交流转辙机电源 AC 380(A)
AC 380(B)
AC 380(C)
道岔表示电源 DJZ220
DJF220
联锁A机采集电源 Z24(A)
联锁B机采集电源 Z24(B)
站联电源 (A)ZLZ
(DC 24 V) (A)ZLF
SDH节点电源1 DC 48 V+
DC 48 V−
SDH节点电源2 DC 48 V+
DC 48 V−
DCS机柜电源1 JZ220
JF220
DCS机柜电源2 JZ220
JF220
光电转换器电源 JZ220
JF220
计轴设备电源1 DC 48 V+
DC 48 V−
计轴设备电源2 DC 24 V+
DC 24 V−
2-XT4-1
2-XT4-3
2-XT4-7
2-XT4-8
2-XT4-9
2-XT4-10
2-XT4-15
2-XT4-16
2-XT5-31
2-XT5-32
2-XT5-33
2-XT5-34
1-XT5-15
1-XT5-16
3-XT4-2
3-XT4-4
3-XT4-6
2-XT5-23
2-XT5-24
3-XT5-3
3-XT5-4
1-XT4-1
1-XT4-2
1-XT4-3
1-XT4-4
1-XT5-1
1-XT5-2
1-XT5-3
1-XT5-4
2-XT5-21
2-XT5-22
1-XT4-5
1-XT4-6
2-XT4-5
2-XT4-6
IBP盘
X1-24
X1-25
交流电流表
A
2F-401-5
2×6 mm2
2F-401-6
3-XT2-7
3-XT2-8
D1-1
D1-2
D5-1
D5-2
D5-3
D5-4
D2-1
D2-2
D2-3
D2-4
D3-1
D3-2
D3-3
D3-4
D4-1
D4-2
D1-3△
D2-1△
D1-4△
△
Z3-7/交流电流互感器
RTN(+)
NEG(−)
BLUE(6A)-1
BLUE(6A)-2
RED(6A)-1
RED(6A)-2
插线板-L
插线板-N
JZ1-K-H-1
JZ1-K-H-6
JZ1-K-H-41
JZ1-K-H-44
JZ2-K-H-1
JZ2-K-H-6
JZ2-K-H-41
JZ2-K-H-44
2-XT4-2 KZ
2-XT4-4 KF
继电器电源
2-XT4-7 KZ(LEU-X)
2-XT4-8 KF(LEU-X)
LEU采集
2-XT4-9 KZ(LEU-S)
2-XT4-10 KF(LEU-S)
LEU采集
2-XT5-31 XJZ110(1)
2-XT5-32 XJF110(1)
信号机电源
2-XT5-33 XJZ110(2)
2-XT5-34 XJF110(2)
信号机电源
3-XT4-1 AC 380(A)
3-XT4-3 AC 380(B)
3-XT4-5 AC 380(C)
交流转辙机
2-XT5-23 DJZ220
2-XT5-24 DJF220
道岔表示电源
1-XT4-5 DC 48 V+
1-XT4-6 DC 48 V−
计轴设备电
2-XT4-5 DC 24 V+
2-XT4-6 DC 24 V−
计轴设备电

接口柜 (JK)

位置 \ 块别	D_1	D_2	D_3	D_4	D_5	D_6	D_7
9							
8							
7	联锁B机驱动接口端子(D_1-D_7)						
6	联锁B机采集接口端子(D_1-D_4)						
5							
4	联锁A机驱动接口端子(D_1-D_7)						
3	联锁A机采集接口端子(D_1-D_5)						
2	LEU接口端子(D_1-D_5)						
1							
0	D_1-D_{12}						

图22　A站接口柜柜内布置图

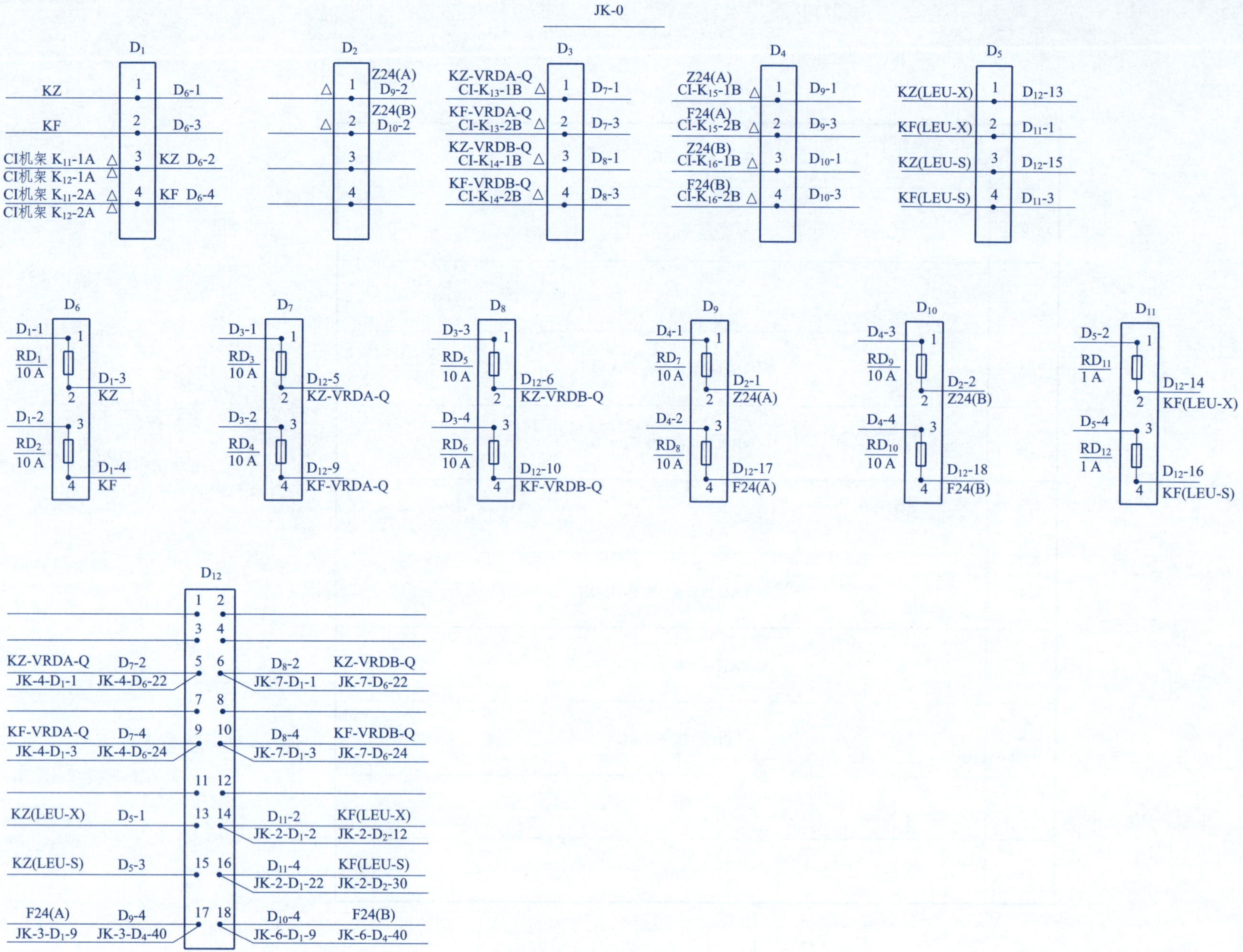

图23　A站接口柜零层端子配线图

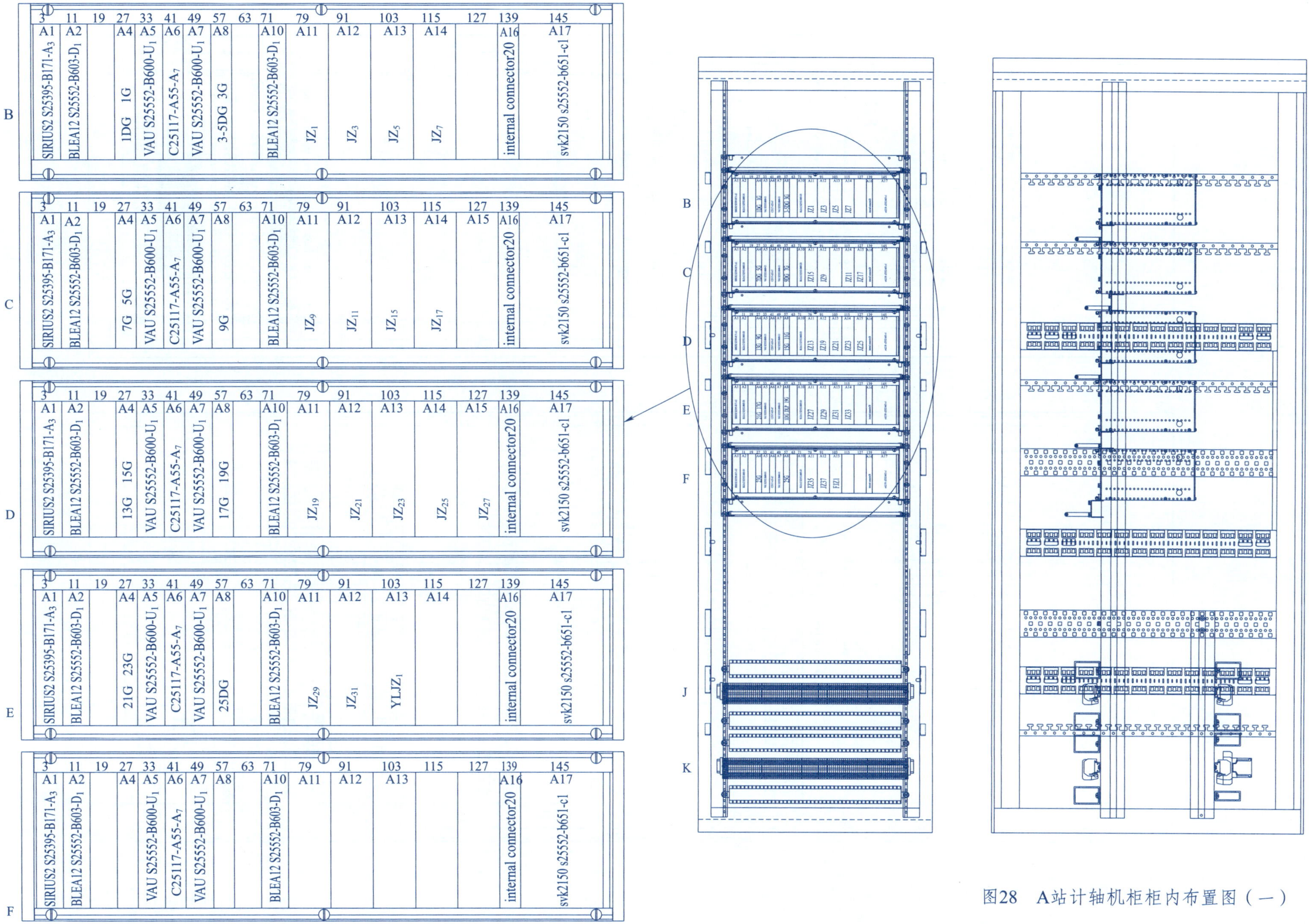

图28　A站计轴机柜柜内布置图（一）

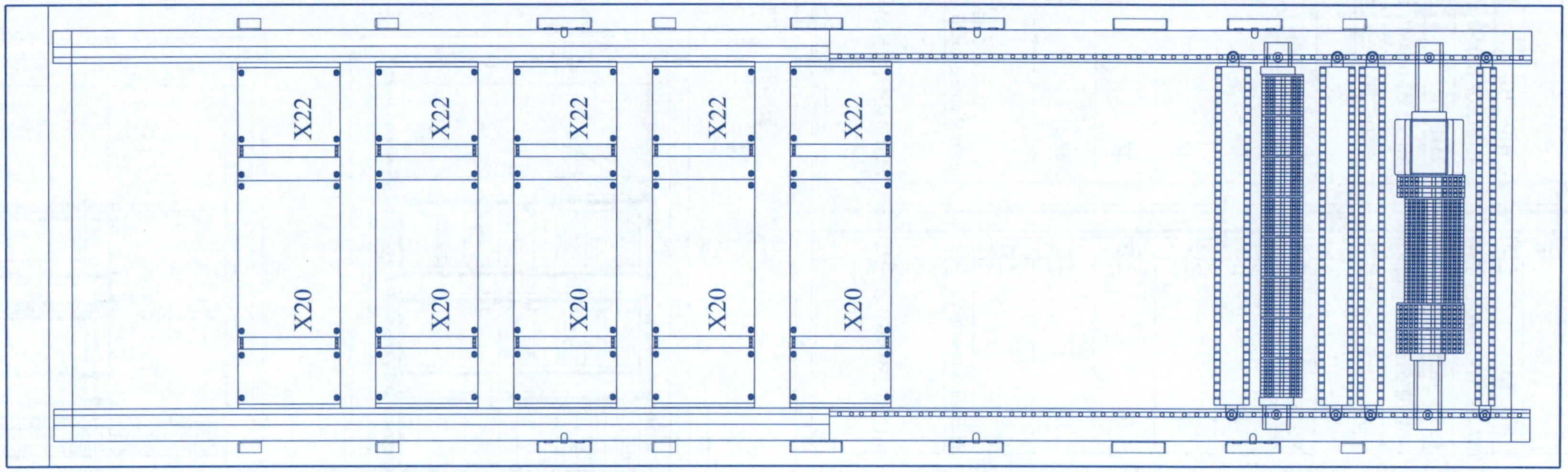

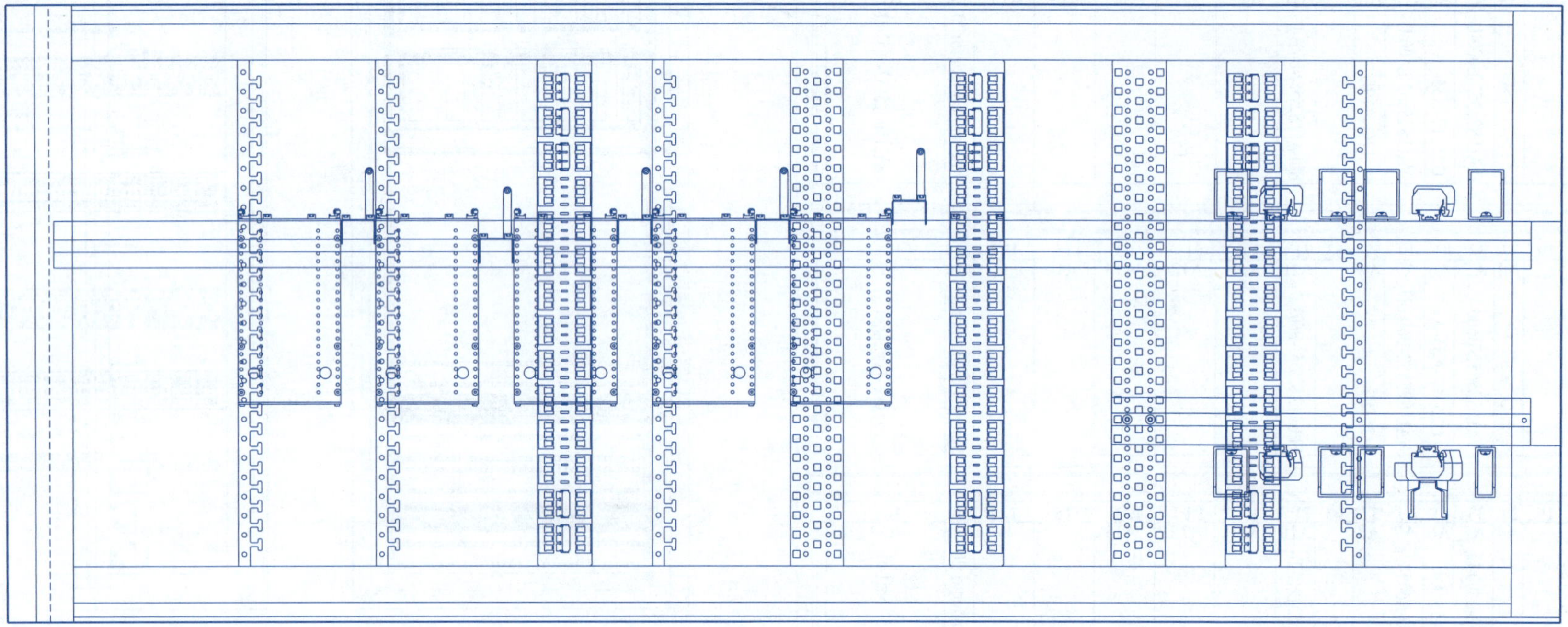

说明：$YLJZ_1$、$YLJZ_2$指与相邻联锁区分界处的计轴。

图28　A站计轴机柜柜内布置图（二）

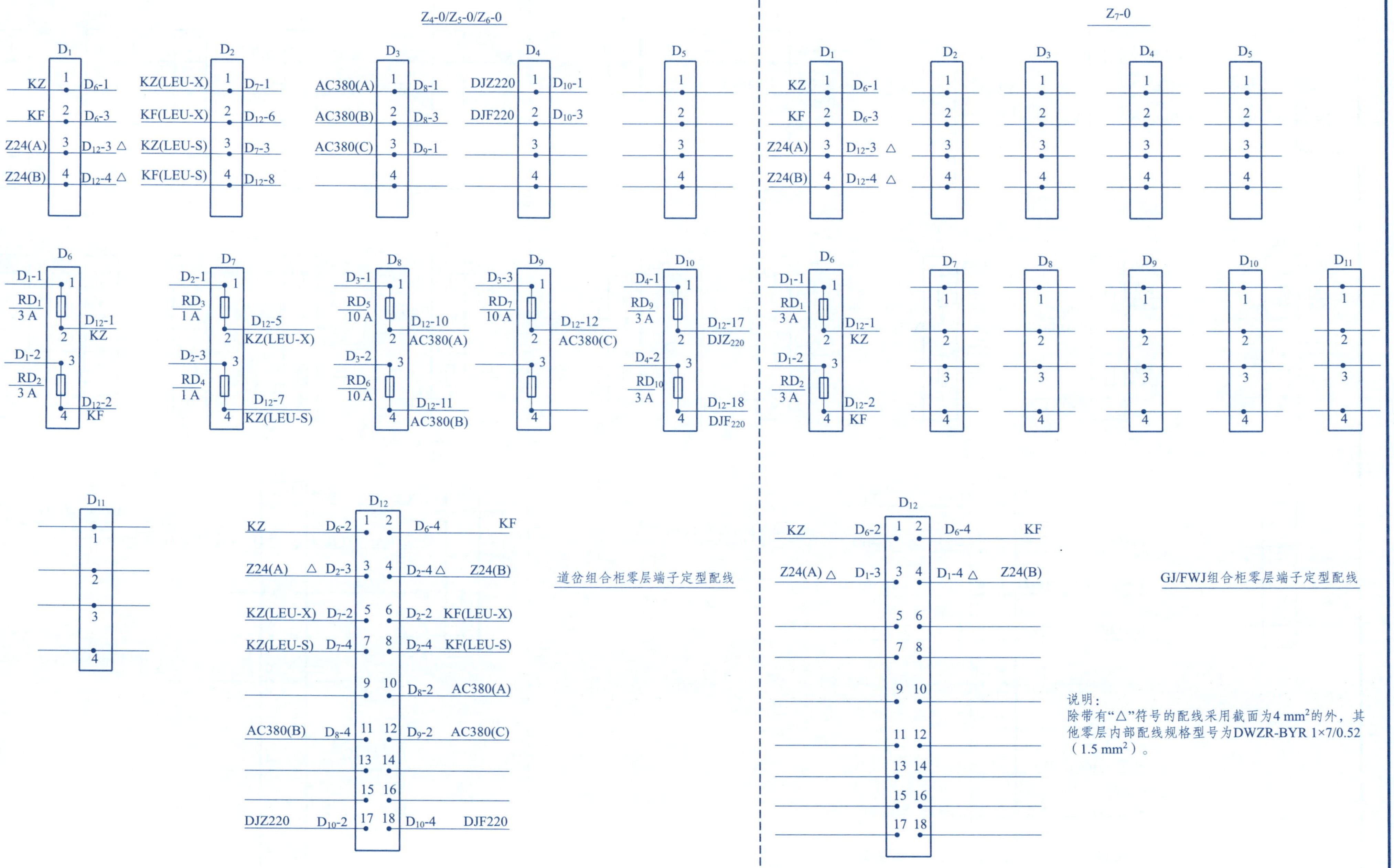

说明：
除带有“△”符号的配线采用截面为4 mm²的外，其他零层内部配线规格型号为DWZR-BYR 1×7/0.52（1.5 mm²）。

图26　A站组合柜零层端子配线图（二）

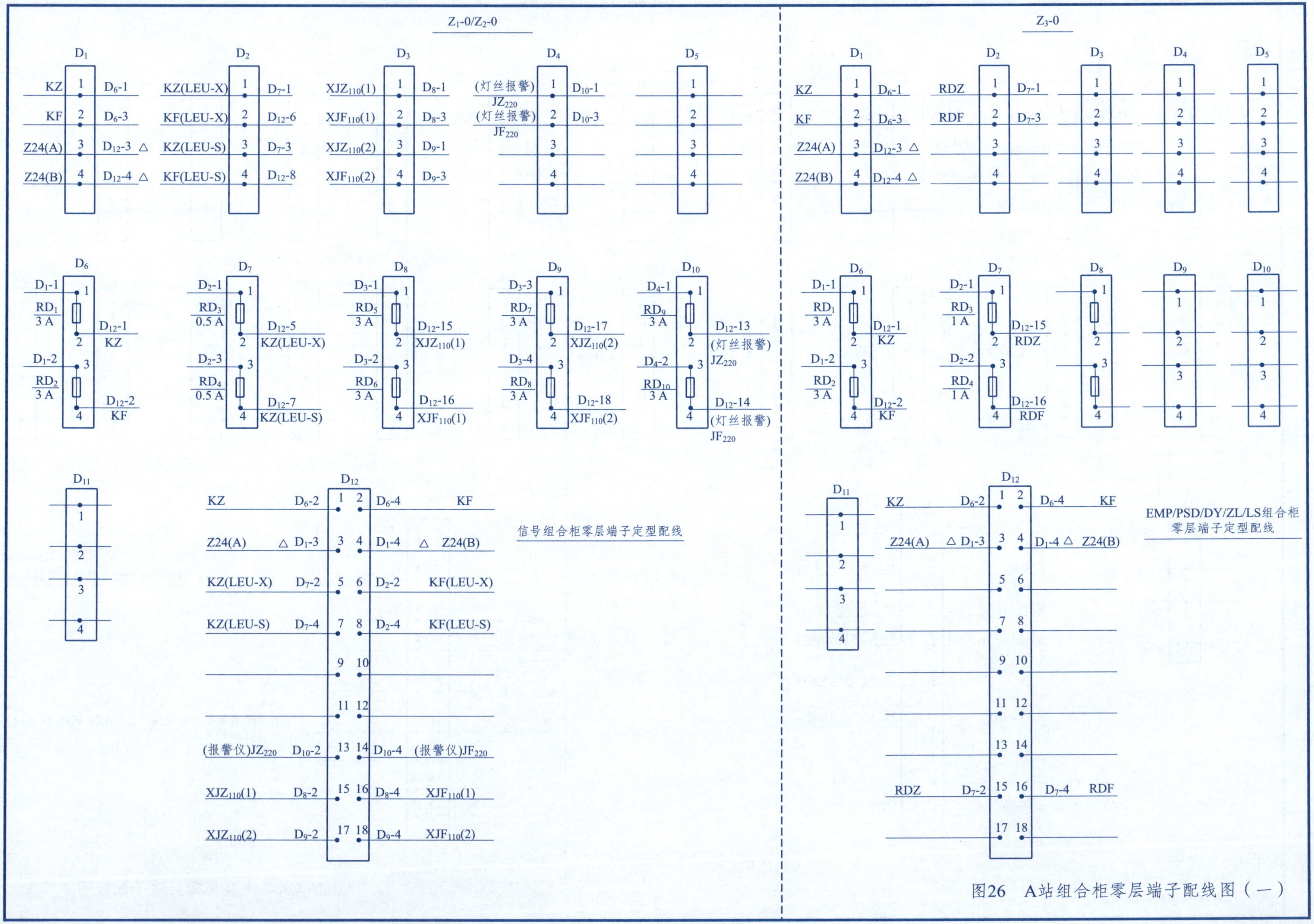

图26　A站组合柜零层端子配线图（一）

5 DJ JZXC-H18

5	RD$_3$-2	6	03-3
32		42	
31		41	
33		43	
12	03-5	22	03-6
11	1-11 6-11 Z24(A)	21	1-21 6-21 Z24(B)
13		23	
3		4	1
1	4	2	

4 DDJ JWXC-H340

72	05-11	82	05-14
71	05-10	81	05-13
73	05-12	83	05-15
52		62	
51	01-5	61	02-5
53	01-6	63	02-6
32		42	
31		41	
33		43	
12		22	
11	RD$_1$-2	21	RD$_2$-4
13	1-5	23	2-41
3	04-12	4	04-13
1	04-10	2	04-11

3 ZXJ JWXC-H340

72		82	
71		81	
73		83	
52		62	
51		61	
53		63	
32	05-3	42	05-4
31	2-32	41	2-42
33	05-1	43	05-2
12		22	02-7
11		21	2-22
13		23	02-8
3	04-17	4	04-18
1	04-15	2	04-16

2 LXJ JWXC-H340

72	02-2	82	02-4
71	02-1	81	02-3
73		83	
52	01-2	62	01-4
51	01-1	61	01-3
53		63	
32	02-14 3-31	42	02-10 3-41
31	05-8	41	4-23
33	05-5	43	05-6
12		22	02-13 3-21
11		21	KZ 06-1
13		23	
3	01-17	4	01-18
1	01-15	2	01-16

1 DJ JZXC-H18

5	4-13	6	05-7
32		42	
31		41	
33		43	
12	01-11	22	01-12
11	5-11 06-5 Z24(A)	21	5-21 06-7 Z24(B)
13		23	
3		4	1
1	4	2	

0 RD$_1$ 0.5 A.RD$_2$ 0.5 A

RD$_1$	1	06-17 RD$_3$-1 XJZ$_{110}$
	2	4-11
	5	
	7	
	6	
RD$_2$	3	06-18 RD$_4$-3 XJF$_{110}$
	4	4-21

06		05		04		03		02		01	
1	2-21 2 KZ	1	3-33	1	过线	1	过线	1	2-71	1	2-51
2	1 KZ	2	3-43	2	RD$_6$-4	2	RD$_4$-4	2	2-72	2	2-52
3	4 KF	3	3-32	3	6-6	3	5-6	3	2-81	3	2-61
4	3 KF	4	3-42	4		4		4	2-82	4	2-62
5	1-11 6 Z24(A)	5	2-33	5	6-12	5	5-12	5	4-61	5	4-51
6	5 6-11 Z24(A)	6	2-43	6	6-22	6	5-22	6	4-63	6	4-53
7	1-21 8 Z24(B)	7	1-6	7		7		7	3-22	7	
8	7 6-21 Z24(B)	8	2-31	8		8		8	3-23	8	
9		9		9		9		9		9	
10		10	4-71	10	4-1	10		10	2-42	10	
11		11	4-72	11	4-2	11		11		11	1-12
12		12	4-73	12	4-3	12		12		12	1-22
13		13	4-81	13	4-4	13		13	2-22	13	
14		14	4-82	14		14		14	2-32	14	
15		15	4-83	15	3-1	15		15		15	2-1
16		16		16	3-2	16		16		16	2-2
17	RD$_1$-1 RD$_5$-1 XJZ$_{110}$	17		17	3-3	17		17		17	2-3
18	RD$_2$-3 RD$_6$-3 XJF$_{110}$	18		18	3-4	18		18		18	2-4

10 RD$_5$ 0.5 A.RD$_6$ 0.5 A

RD$_5$	1	RD$_3$-1 06-17 XJZ$_{110}$
	2	6-5
	5	
	7	
	6	
RD$_6$	3	RD$_4$-3 06-18 XJF$_{110}$
	4	04-2

9

72		82	
71		81	
73		83	
52		62	
51		61	
53		63	
32		42	
31		41	
33		43	
12		22	
11		21	
13		23	
3		4	
1		2	

8

72		82	
71		81	
73		83	
52		62	
51		61	
53		63	
32		42	
31		41	
33		43	
12		22	
11		21	
13		23	
3		4	
1		2	

7

72		82	
71		81	
73		83	
52		62	
51		61	
53		63	
32		42	
31		41	
33		43	
12		22	
11		21	
13		23	
3		4	
1		2	

6 ZDJ JZXC-H18

5	RD$_5$-2	6	04-3
32		42	
31		41	
33		43	
12	04-5	22	04-6
11	5-11 06-6 Z24(A)	21	5-21 06-8 Z24(B)
13		23	
3		4	1
1	4	2	

0 RD$_3$ 0.5 A.RD$_4$ 0.5 A

RD$_3$	1	RD$_1$-1 RD$_5$-1 XJZ$_{110}$
	2	5-5
	5	
	7	
	6	
RD$_4$	3	RD$_2$-3 RD$_6$-3 XJF$_{110}$
	4	03-2

	组合位置	信号机1	信号机2	信号机3
(C)FZX	Z$_1$-10	F$_1$		
	Z$_1$-1	(A)SC		

图25　组合内部配线图

JK-2-D_1

接口板端子号	LEU码位名称	至组合柜端子	LEU主机端子
1	(A)XC LXJ-Q	Z_1-903-6	$E_{01}Z_2$
2	(A)XC LXJ-H	JK-0-D_{12}-14/10 LEU-KF(X)	$E_{01}D_2$
3			$E_{01}Z_4$
4			$E_{01}D_4$
5			$E_{01}Z_8$
6			$E_{01}D_8$
7			$E_{01}Z_{10}$
8			$E_{01}D_{10}$
9	F_5 LXJ-Q	Z_1-801-2	$E_{01}Z_{14}$
10	F_5 LXJ-H	2/12 LEU-KF(X)	$E_{01}D_{14}$
11	4/5 ZDBJ-Q(VB_5用)	Z_4-1001-12	$E_{01}Z_{16}$
12	4/5 ZDBJ-H(VB_5用)	10/14 LEU-KF(X)	$E_{01}D_{16}$
13	4/5 ZFBJ-Q(VB_5用)	Z_4-1002-2	$E_{01}Z_{20}$
14	4/5 ZFBJ-H(VB_5用)	12/16 LEU-KF(X)	$E_{01}D_{20}$
15	F_3 LXJ-Q(VB_7用)	Z_1-901-2	$E_{01}Z_{22}$
16	F_3 LXJ-H(VB_7用)	14/D_2-8 LEU-KF(X)	$E_{01}D_{22}$
17			$E_{01}Z_{26}$
18			$E_{01}D_{26}$
19			$E_{01}Z_{28}$
20			$E_{01}D_{28}$
21	F_1 LXJ-Q	Z_1-1001-2	$E_{02}Z_2$
22	F_1 LXJ-H	JK-0-D_{12}-16/24 LEU-KF(S)	$E_{02}D_2$
23	1 ZDBJ-Q	Z_3-901-12	$E_{02}Z_4$
24	1 ZDBJ-H	22/26 LEU-KF(S)	$E_{02}D_4$
25	1 ZFBJ-Q	Z_3-902-2	$E_{02}Z_8$
26	1 ZFBJ-H	24/28 LEU-KF(S)	$E_{02}D_8$
27	3/6 ZDBJ-Q(VB_3用)	Z_3-701-12	$E_{02}Z_{10}$
28	3/6 ZDBJ-H(VB_3用)	26/30 LEU-KF(S)	$E_{02}D_{10}$
29	3/6 ZFBJ-Q(VB_3用)	Z_3-702-2	$E_{02}Z_{14}$
30	3/6 ZFBJ-H(VB_3用)	28/D_2-22 LEU-KF(S)	$E_{02}D_{14}$
31			$E_{02}Z_{16}$
32			$E_{02}D_{16}$
33			$E_{02}Z_{20}$
34			$E_{02}D_{20}$
35			$E_{02}Z_{22}$
36			$E_{02}D_{22}$
37			$E_{02}Z_{26}$
38			$E_{02}D_{26}$
39			$E_{02}Z_{28}$
40			$E_{02}D_{28}$

JK-2-D_2

接口板端子号	LEU码位名称	至组合柜端子	LEU主机端子
1			$E_{03}Z_2$
2			$E_{03}D_2$
3			$E_{03}Z_4$
4			$E_{03}D_4$
5			$E_{03}Z_8$
6			$E_{03}D_8$
7	F_2 LXJ-Q	Z_1-201-2	$E_{03}Z_{10}$
8	F_2 LXJ-H	D_1-16/10 LEU-KF(X)	$E_{03}D_{10}$
9	3/6 ZDBJ-Q(VB_4用)	Z_3-701-14	$E_{03}Z_{14}$
10	3/6 ZDBJ-H(VB_4用)	8/12 LEU-KF(X)	$E_{03}D_{14}$
11	3/6 ZFBJ-Q(VB_4用)	Z_3-702-4	$E_{03}Z_{16}$
12	3/6 ZFBJ-H(VB_4用)	10/JK-0-D_{12}-14 LEU-KF(X)	$E_{03}D_{16}$
13			$E_{03}Z_{20}$
14			$E_{03}D_{20}$
15			$E_{03}Z_{22}$
16			$E_{03}D_{22}$
17			$E_{03}Z_{26}$
18			$E_{03}D_{26}$
19			$E_{03}Z_{28}$
20			$E_{03}D_{28}$
21	(A)SC LXJ-Q	Z_1-101-2	$E_{04}Z_2$
22	(A)SC LXJ-H	D_1-30/24 LEU-KF(S)	$E_{04}D_2$
23	2 ZDBJ-Q(VB_2用)	Z_3-203-12	$E_{04}Z_4$
24	2 ZDBJ-H(VB_2用)	22/26 LEU-KF(S)	$E_{04}D_4$
25	2 ZFBJ-Q(VB_2用)	Z_3-204-2	$E_{04}Z_8$
26	2 ZFBJ-H(VB_2用)	24/28 LEU-KF(S)	$E_{04}D_8$
27	4/5 ZDBJ-Q(VB_2用)	Z_3-1001-14	$E_{04}Z_{10}$
28	4/5 ZDBJ-H(VB_2用)	26/30 LEU-KF(S)	$E_{04}D_{10}$
29	4/5 ZFBJ-Q(VB_2用)	Z_3-1002-4	$E_{04}Z_{14}$
30	4/5 ZFBJ-H(VB_2用)	28/JK-0-D_{12}-16 LEU-KF(S)	$E_{04}D_{14}$
31			$E_{04}Z_{16}$
32			$E_{04}D_{16}$
33			$E_{04}Z_{20}$
34			$E_{04}D_{20}$
35			$E_{04}Z_{22}$
36			$E_{04}D_{22}$
37			$E_{04}Z_{26}$
38			$E_{04}D_{26}$
39			$E_{04}Z_{28}$
40			$E_{04}D_{28}$

JK-2-D_3

接口板端子号	LEU码位名称	至组合柜端子	LEU主机端子
1			$E_{05}Z_2$
2			$E_{05}D_2$
3			$E_{05}Z_4$
4			$E_{05}D_4$
5			$E_{05}Z_8$
6			$E_{05}D_8$
7			$E_{05}Z_{10}$
8			$E_{05}D_{10}$
9			$E_{05}Z_{14}$
10			$E_{05}D_{14}$
11			$E_{05}Z_{16}$
12			$E_{05}D_{16}$
13			$E_{05}Z_{20}$
14			$E_{05}D_{20}$
15			$E_{05}Z_{22}$
16			$E_{05}D_{22}$
17			$E_{05}Z_{26}$
18			$E_{05}D_{26}$
19			$E_{05}Z_{28}$
20			$E_{05}D_{28}$
21			$E_{06}Z_2$
22			$E_{06}D_2$
23			$E_{06}Z_4$
24			$E_{06}D_4$
25			$E_{06}Z_8$
26			$E_{06}D_8$
27			$E_{06}Z_{10}$
28			$E_{06}D_{10}$
29			$E_{06}Z_{14}$
30			$E_{06}D_{14}$
31			$E_{06}Z_{16}$
32			$E_{06}D_{16}$
33			$E_{06}Z_{20}$
34			$E_{06}D_{20}$
35			$E_{06}Z_{22}$
36			$E_{06}D_{22}$
37			$E_{06}Z_{26}$
38			$E_{06}D_{26}$
39			$E_{06}Z_{28}$
40			$E_{06}D_{28}$

说明：

1. 从LEU编码器机箱至接口柜间电缆采用DWZR-RYYSP-2×0.4 mm的2芯双绞屏蔽数据电缆，线间绝缘不小于2 000 V。
2. 接口电缆必须带屏蔽，施工时屏蔽线必须接地，接地阻值小于4 Ω。

图24 A站接口柜端子配线图（三）

m			
ODF端子(RRU端口)	DCS_SW_OPT_RED_	ODF端子(RRU端口)	DCS_SW_OPT_BLUE_
RRU057_1	P_1_IN	RRU057_9	P_1_IN
RRU057_2	P_1_OUT	RRU057_10	P_1_OUT
RRU058_1	P_2_IN	RRU058_9	P_2_IN
RRU058_2	P_2_OUT	RRU058_10	P_2_OUT
RRU059_1	P_3_IN	RRU059_9	P_3_IN
RRU059_2	P_3_OUT	RRU059_10	P_3_OUT
RRU060_1	P_4_IN	RRU060_9	P_4_IN
RRU060_2	P_4_OUT	RRU060_10	P_4_OUT
RRU061_1	P_5_IN	RRU061_9	P_5_IN
RRU061_2	P_5_OUT	RRU061_10	P_5_OUT
RRU062_1	P_6_IN	RRU062_9	P_6_IN
RRU062_2	P_6_OUT	RRU062_10	P_6_OUT
RRU063_1	P_7_IN	RRU063_9	P_7_IN
RRU063_2	P_7_OUT	RRU063_10	P_7_OUT
RRU064_1	P_8_IN	RRU064_9	P_8_IN
RRU064_2	P_8_OUT	RRU064_10	P_8_OUT
RRU065_1	P_9_IN	RRU065_9	P_9_IN
RRU065_2	P_9_OUT	RRU065_10	P_9_OUT
RRU066_1	P_{10}_IN	RRU066_9	P_{10}_IN
RRU066_2	P_{10}_OUT	RRU066_10	P_{10}_OUT
RRU067_1	P_{11}_IN	RRU067_9	P_{11}_IN
RRU067_2	P_{11}_OUT	RRU067_10	P_{11}_OUT
RRU068_1	P_{12}_IN	RRU068_9	P_{12}_IN
RRU068_2	P_{12}_OUT	RRU068_10	P_{12}_OUT
RRU069_1	P_{13}_IN	RRU069_9	P_{13}_IN
RRU069_2	P_{13}_OUT	RRU069_10	P_{13}_OUT
RRU070_1	P_{14}_IN	RRU070_9	P_{14}_IN
RRU070_2	P_{14}_OUT	RRU070_10	P_{14}_OUT
RRU115_1	P_{15}_IN	RRU115_9	P_{15}_IN
RRU115_2	P_{15}_OUT	RRU115_10	P_{15}_OUT
RRU116_1	P_{16}_IN	RRU116_9	P_{16}_IN
RRU116_2	P_{16}_OUT	RRU116_10	P_{16}_OUT

设备名称	相连电源接口			
	蓝网空开连接端口(L/N/PE)	红网空开连接端口(L/N/PE)	风扇空开连接端口	电源屏接口
DCS_SW_ELT_BLUE	1/7/PE			
DCS_SW_OPT_BLUE	2/8/PE			
DCS_SW_ELT_RED		13/19/PE		
DCS_SW_OPT_RED		14/20/PE		
FAN			默认	
SDH				48 V供电空开,共两路

SDH的PIU板接线时，注意正负极连接的正确。

SDH端口分配			
FROM	TO	FROM	TO
Slot14-ETF8-1	DCS-SW-ELT-BLUE--8	Slot16-ETF8-1	DCS-SW-ELT-RED--8
Slot14-ETF8-2	DCS-SW-OPT-BLUE--28	Slot16-ETF8-2	DCS-SW-OPT-RED--28
Slot14-ETF8-3	无	Slot16-ETF8-3	无
Slot14-ETF8-4	无	Slot16-ETF8-4	无
Slot14-ETF8-5	DCS-SW-ELT-BLUE--24	Slot16-ETF8-5	DCS-SW-ELT-RED--24
Slot14-ETF8-6	无	Slot16-ETF8-6	无
Slot14-ETF8-7	无	Slot16-ETF8-7	无
Slot14-ETF8-8	无	Slot16-ETF8-8	无

交换机端口分配（至SDH设备）			
FROM	TO	FROM	TO
DCS-SW-ELT-BLUE--8	Slot14-ETF8-1	DCS-SW-ELT-RED--8	Slot16-ETF8-1
DCS-SW-OPT-BLUE--28	Slot14-ETF8-2	DCS-SW-OPT-RED--28	Slot16-ETF8-2
DCS-SW-ELT-BLUE--24	Slot14-ETF8-5	DCS-SW-ELT-RED--24	Slot16-ETF8-5

图29　A站DCS机柜柜内布置及接线端子图（二）

说明：图中—·—所示线缆及设备由综合监控专业实施，通信配线架由通信专业实施；其他由信号专业实施，超五类屏蔽网线、屏蔽线及光缆由信号集成商供货；光缆均采用GYSTZA53-6B1型。

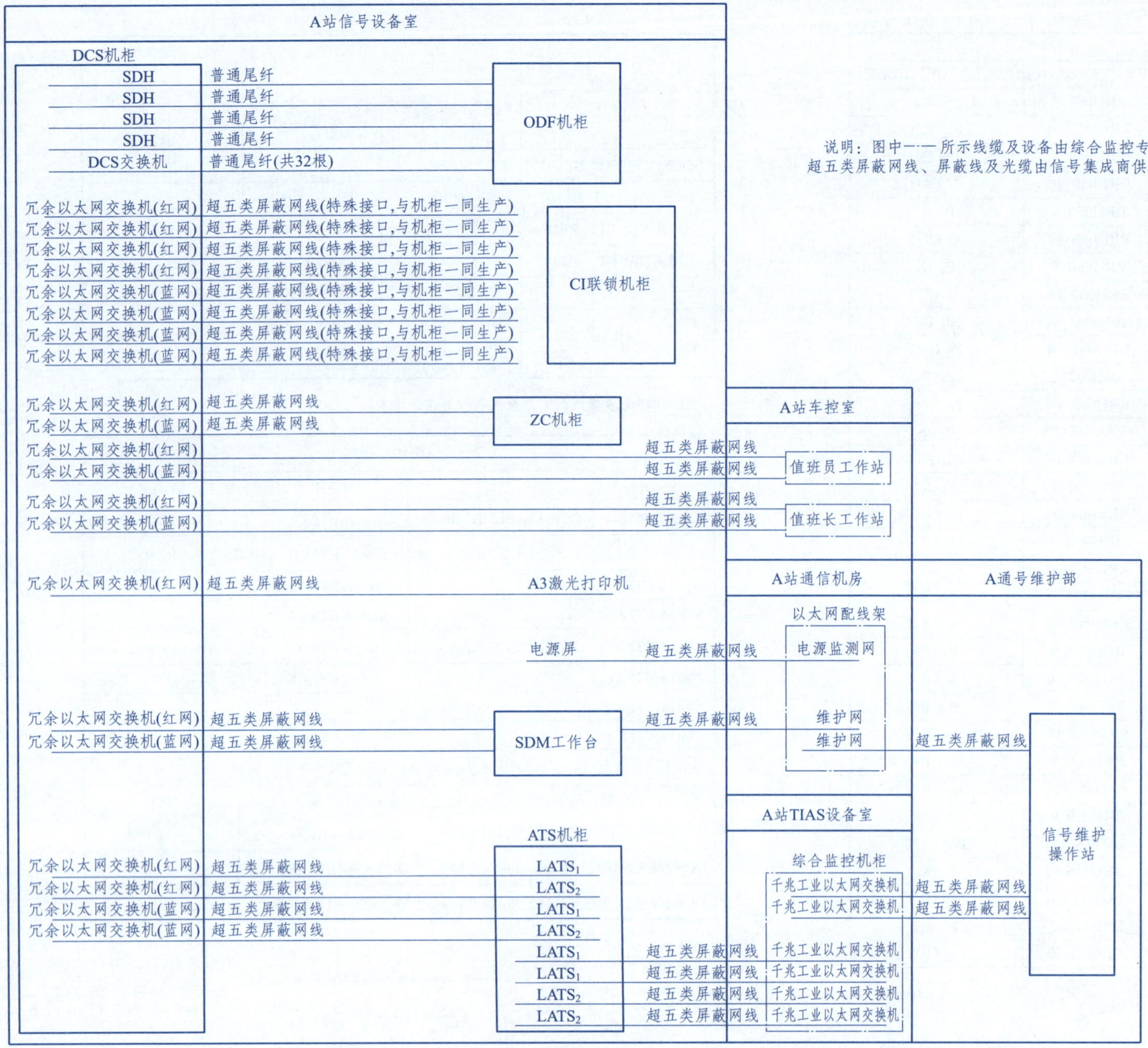

图30　A站机柜柜间信息配线图

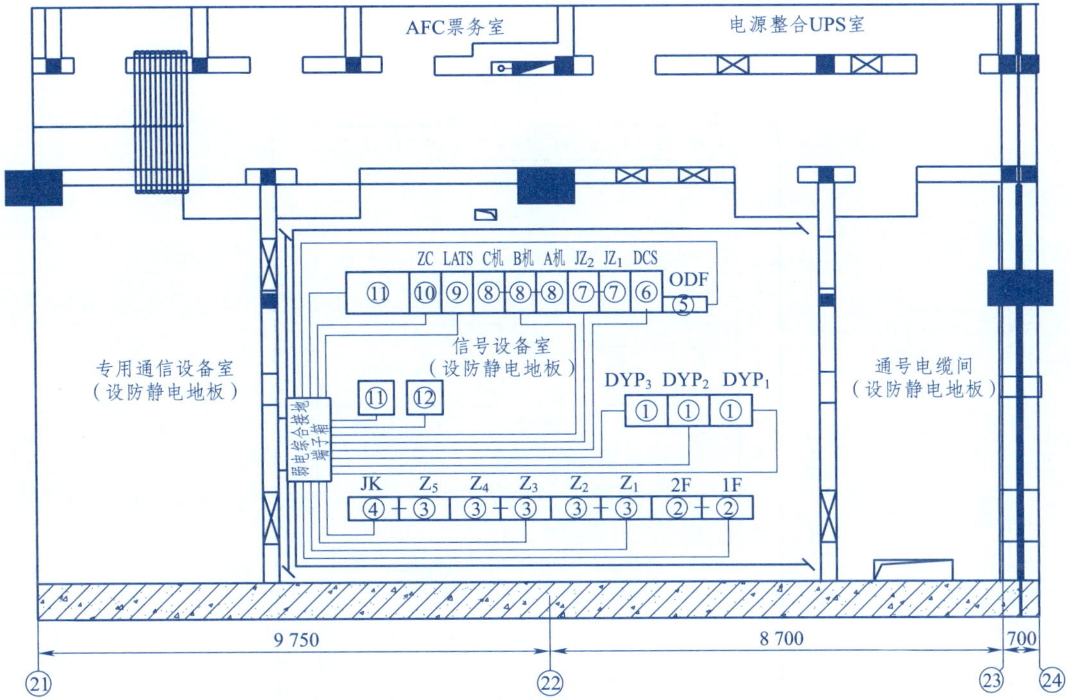

信号设备室弱电综合接地端子箱示意图

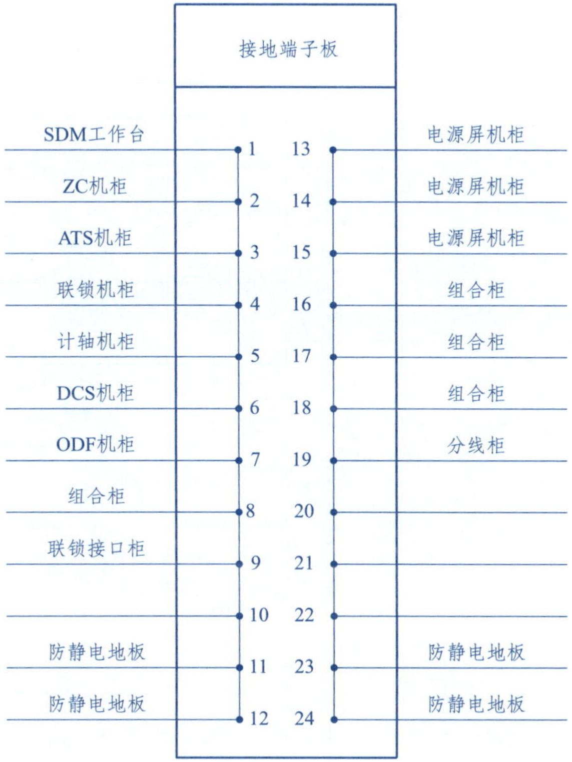

信号设备说明表

序号	设备名称	单位	数量
①	电源屏机柜(DYP)	台	3
②	分线柜(F)	台	2
③	组合柜(Z)	台	7
④	联锁接口柜(JK)	台	1
⑤	ODF机柜	台	1
⑥	DCS机柜	台	1
⑦	计轴机柜(JZ)	台	2
⑧	联锁机柜(CI)	台	3
⑨	ATS机柜(LATS)	台	1
⑩	ZC机柜(ZC)	架	1
⑪	信号监测站机柜	台	1
⑫	信号监测采集机柜	台	1
⑬	SDM工作台（含1台打印机）	台	1
⑭	维护部信号维护操作站（含1台打印机）	台	1

说明：

1.图中“丫”表示接防静电地板支架。

2.本图中的接地线缆采用多股16 mm^2,综合接地端子箱采用50×5铜排，11—M10×30,13—M8×25 。

3.室内综合接地端子箱由供电专业设置(图示位置仅为示意，应以实际为准)。

4.单位:mm。

图31　A站信号设备室内地线连接示意图

1F

	1 2 3 4 5 6 7 8 9 10 11 12 13
9	
8	计轴磁头
7	
6	道岔
5	道岔
4	信号机
3	信号机
2	信号机
1	发车计时器（TDT）
0	电源端子、断路器

2F

	1 2 3 4 5 6 7 8 9 10 11 12 13
9	
8	
7	
6	站间联系
5	安全门
4	紧急关闭
3	RRU电源
2	RRU电源
1	应答器
0	电源端子、断路器

说明：柜内所有接地汇接至本柜的母接地汇流排后，连接至信号设备室内等电位接线板上。

图32　A站防雷分线柜柜内布置图

1F-1(TDT)

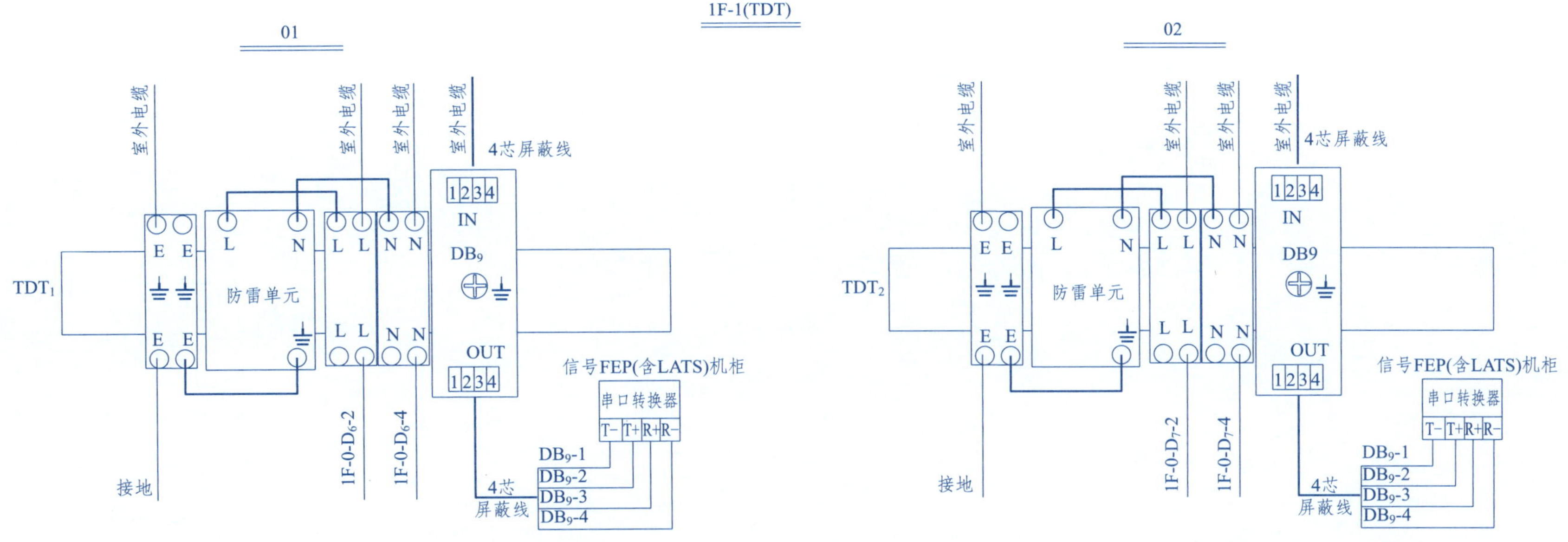

1F-0(电源端子、断路器)

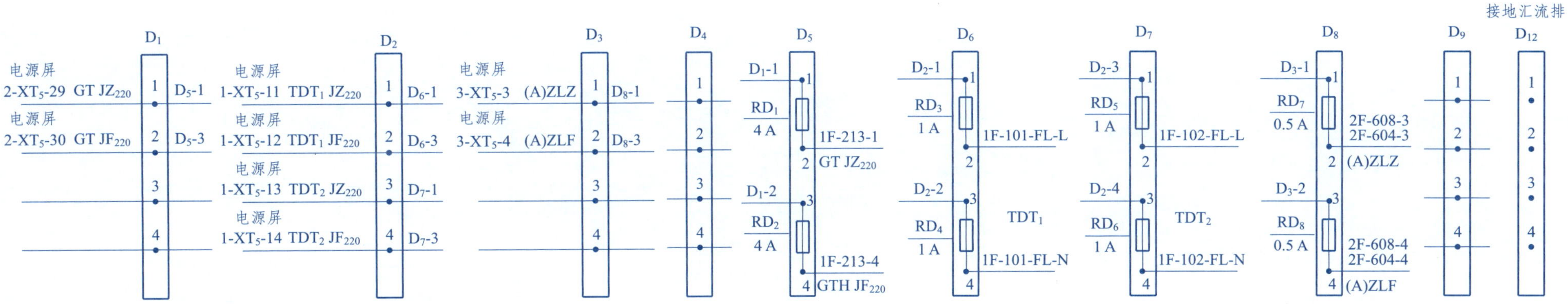

说明：

1.至电源屏间采用DWZR-YJY型电源电缆，规格2×4 mm^2；零层内部配线规格型号：DWZR-BYR 1×7/0.52。
2.发车计时器电源电缆型号为WDZC-RYY 3×1.5 mm^2；4芯屏蔽线采用WDZC-RYYP 4×1.0 mm^2。
3.防雷接地：采用1×4 mm^2接地线将TDT_1、TDT_2的防雷接地端子连接至本柜底部的接地汇流排。
4.室外电缆钢带（铝护套）、屏蔽层采用室内单端接地，连接至本柜的母接地汇流排、连接至信号设备室内等电位接线板上。

图33　A站防雷分线柜端子配线图（一）

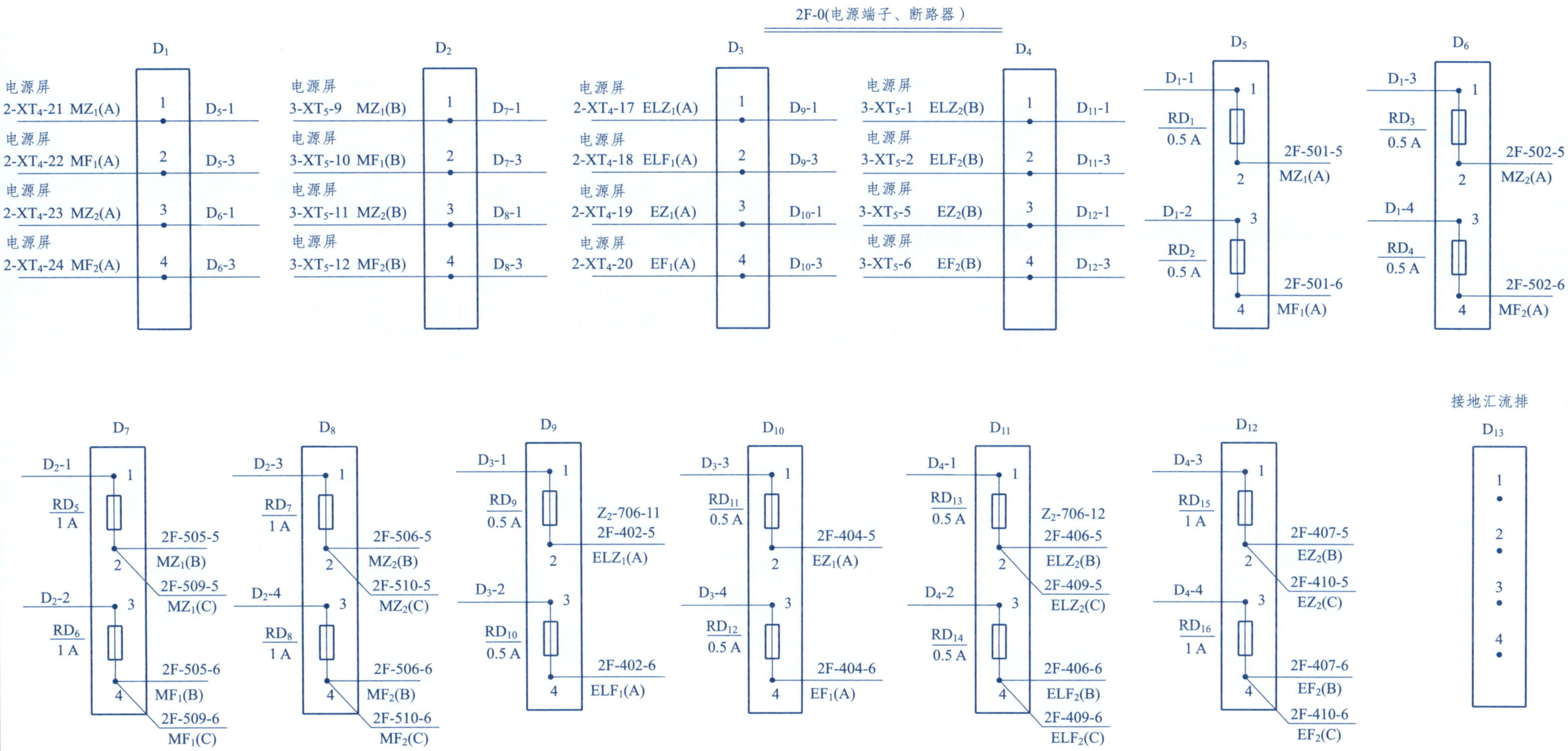

说明：

1.至电源屏间采用DWZR-YJY型电源电缆，规格2×4 mm^2；零层内部配线规格型号：DWZR-BYR 1×7/0.52。

2.室外电缆钢带（铝护套）、屏蔽层采用室内单端接地，连接至本柜的母接地汇流排，连接至信号设备室内等电位接线板上。

图33　A站防雷分线柜端子配线图（五）

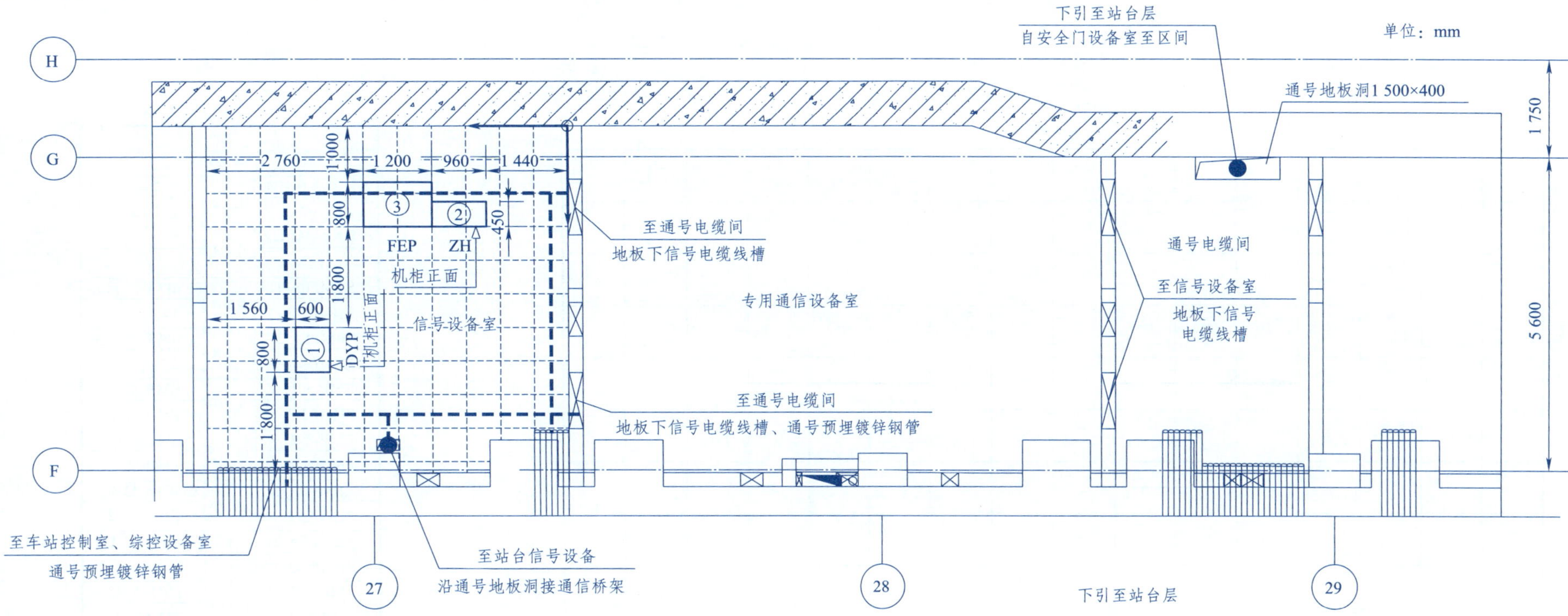

信号设备室设备布置示意图

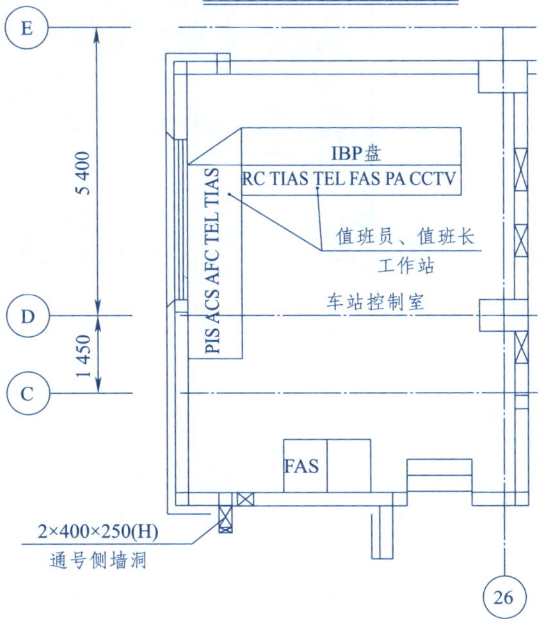

信号设备说明表

序号	设备名称	单位	数量
①	电源屏机柜(DYP)	台	1
②	综合柜（ZH）	台	1
③	信号专用FEP	套	1

图例：

- - - - 室内信号电缆径路

表示防静电地板铺设起点和方向

图34　B站室内设备布置示意图

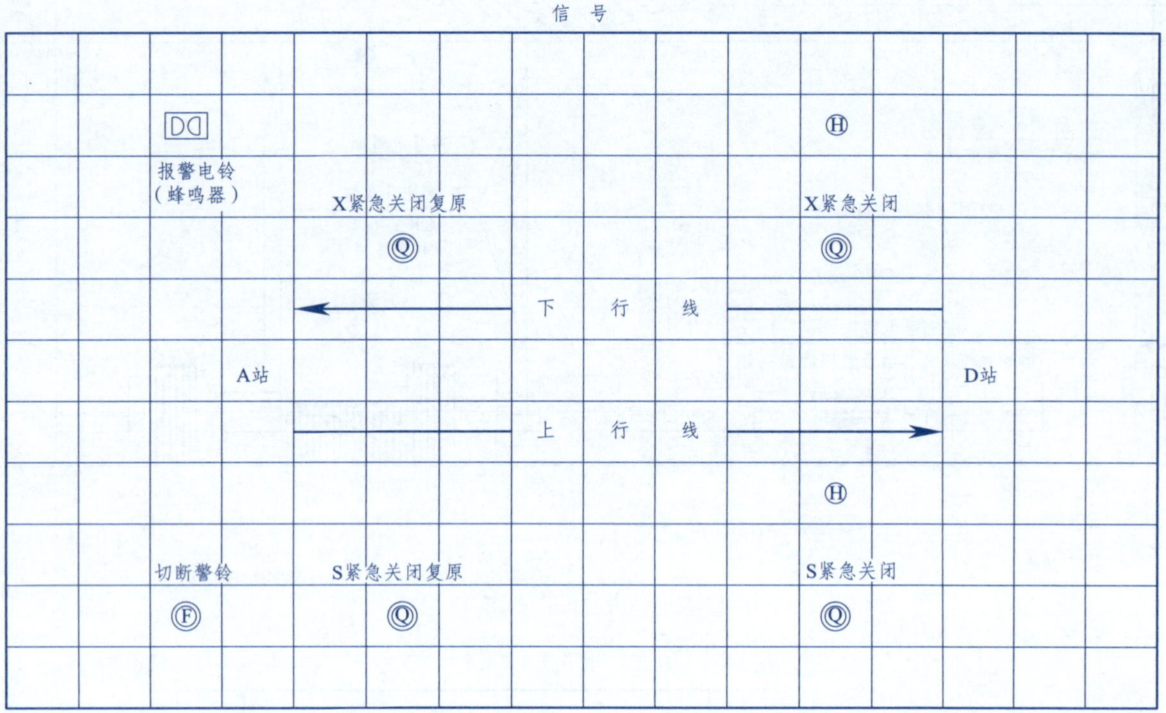

X₁ 端子板			
S紧急关闭H-1 ZH-102-2	1	2	X紧急关闭H-1 ZH-102-1
X/S紧急关闭H-2 ELF_2 8	3	4	
SEMPFA-11 ZH-101-3	5	6	SEMPFA-12 ELZ_2 14
SEMPFA-21 ZH-101-4	7	8	SEMPFA-22 ELF_2 3　16
EMP-S-11 ZH-103-3	9	10	EMP-S-13 ZH-104-3
EMP-S-21 ZH-103-4	11	12	EMP-S-23 ZH-104-4
XEMPFA-11 ZH-101-1	13	14	XEMPFA-12 ELZ_2 6　27
XEMPFA-21 ZH-101-2	15	16	XEMPFA-22 ELF_2 8　23
EMP-X-11 ZH-103-1	17	18	EMP-X-13 ZH-104-1
EMP-X-21 ZH-103-2	19	20	EMP-X-23 ZH-104-2
QBA-13 ZH-102-3	21	22	QBA-12 ZH-102-4
DL-2　ELF_2 16　28	23	24	
	25	26	
IBP盘用电 ELZ_2 ZH-102-5　14	27	28	IBP盘用电 ELF_2 ZH-102-6　23
	29	30	

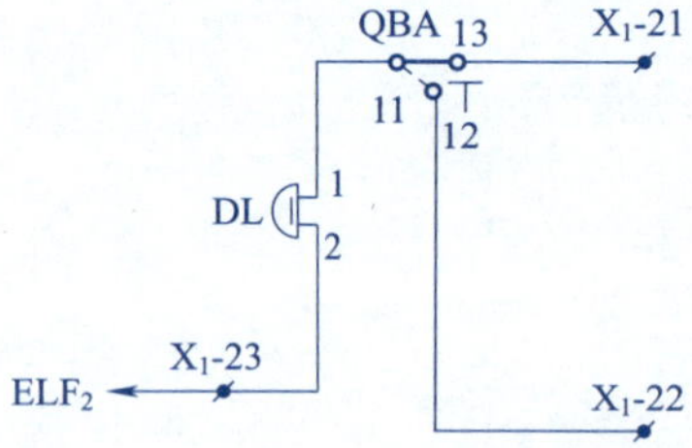

说明：

1.本盘设于车站控制室综合控制台上。

2.此图为示意,信号专业只提供电流表，均由综合监控专业实施,注意确认与信号设计的一致性。

3.信号专业负责车站控制室与信号设备室防雷分线柜间连接电缆的提供及配线，采用PTYA23型综合护套电缆。

图35　B站综合后备盘盘面及配线图

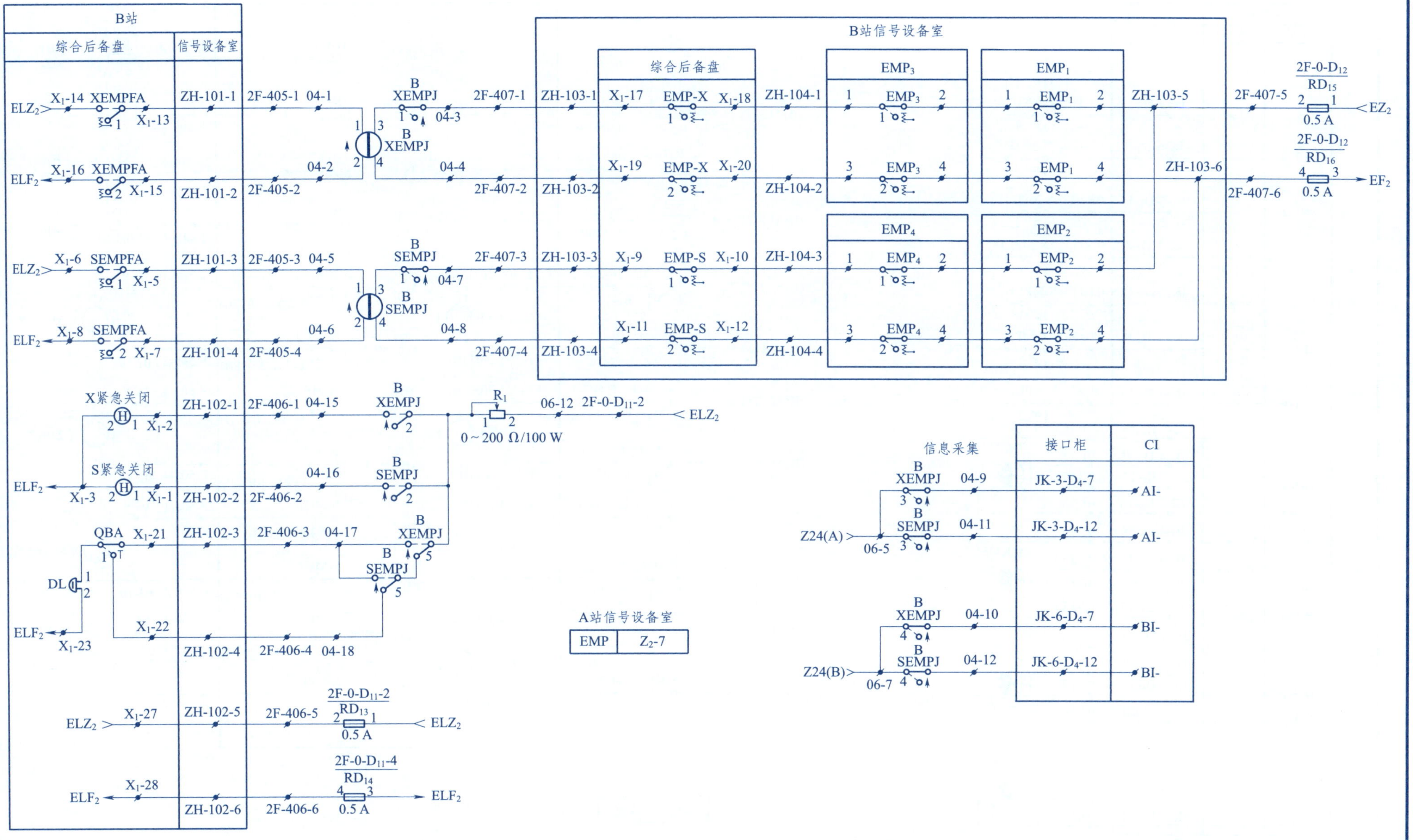

图36　B站紧急关闭控制及联锁采集电路图

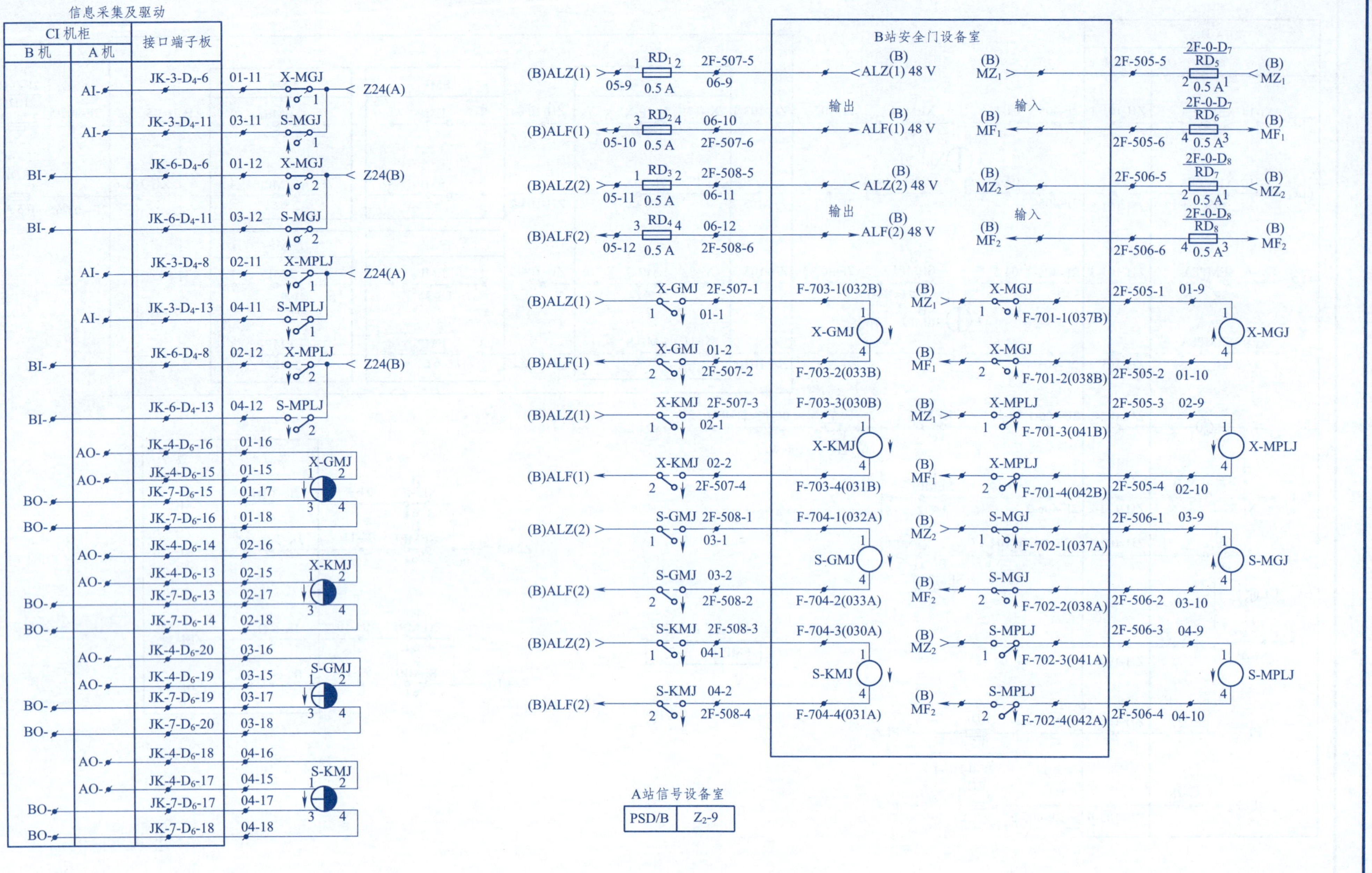

图37 B站安全门控制及联锁驱动采集电路图

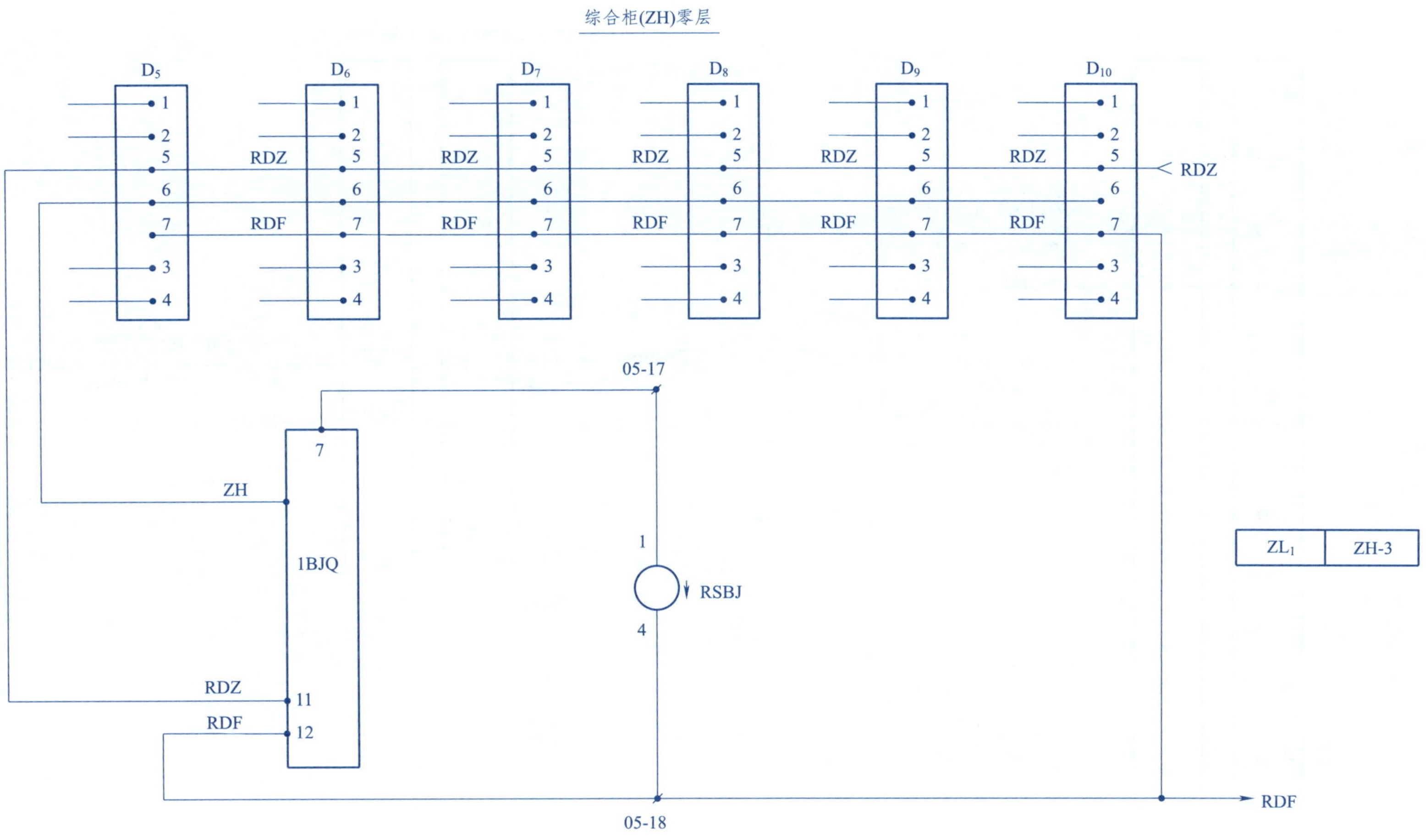

说明：

1.各报警板的端子5并联后接零层RDZ端子,各柜的断路器端子6并联后接相应BJQ的相应排架灯（即BJQ-1～BJQ-6端子），各柜的断路器端子7并联后接零层RDF端子。

2.直流电源采用SA_2-H_2型，并带LED指示，其容量按要求设置。

图38　B站断路器报警电路及配线图

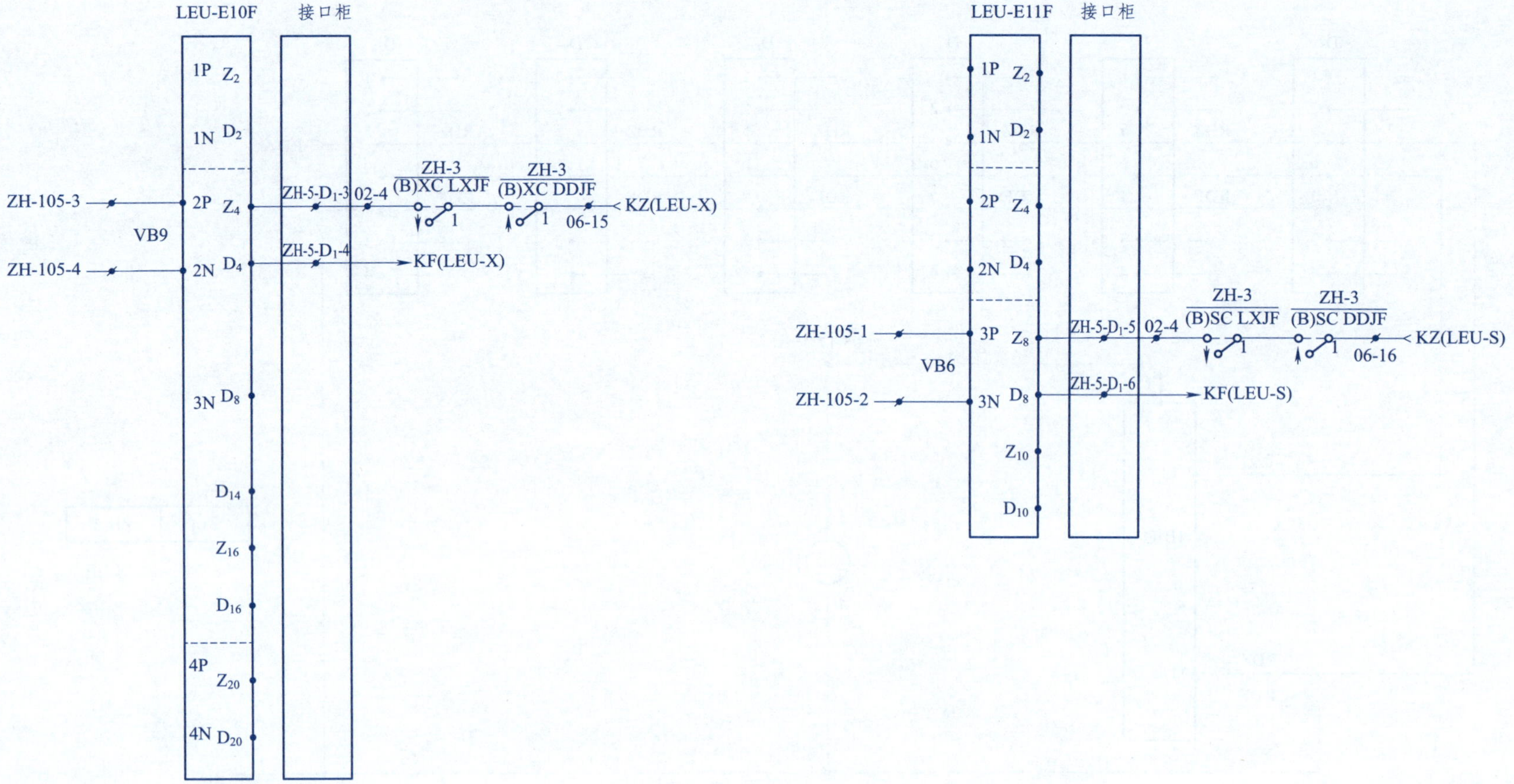

说明：

1.从分线柜至LEU编码器机箱的电缆采用LEU-BSY-PY-WDZC-2×1.14 mm。

2.从LEU编码器机箱至接口柜间电缆采用DWZR-RYYSP-2×0.4 mm^2芯双绞屏蔽数据电缆，线间绝缘不小于2 000 V。

图39　B站信标编码器（LEU）接口电路图

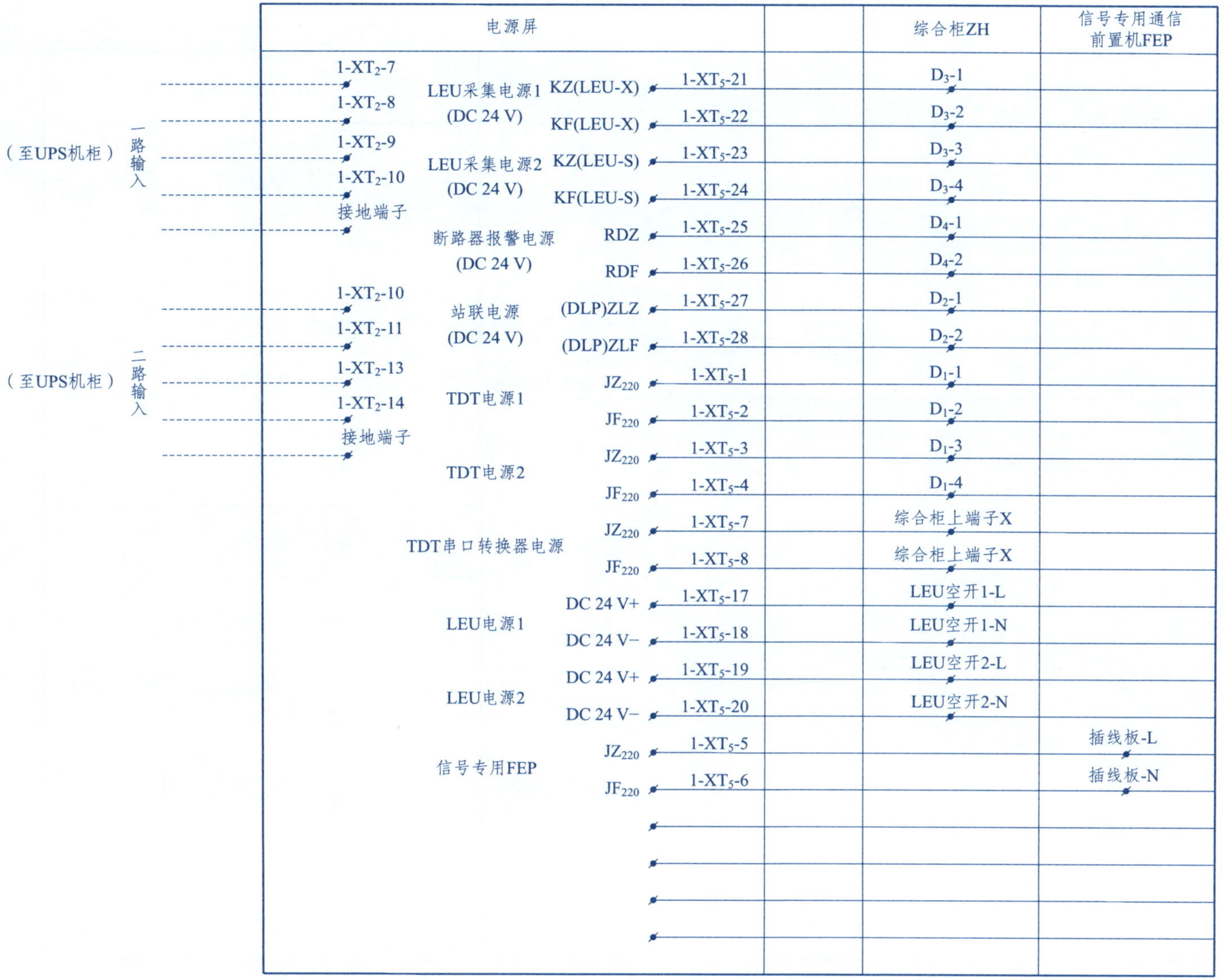

说明：

1.DWZR-YJY型电缆，规格:除继电器电源为2×10 mm^{2}外，其他均为2×4 mm^2。

2.电源屏至UPS机柜间电源电缆由动照专业实施。

图40　B站电源环线配线图

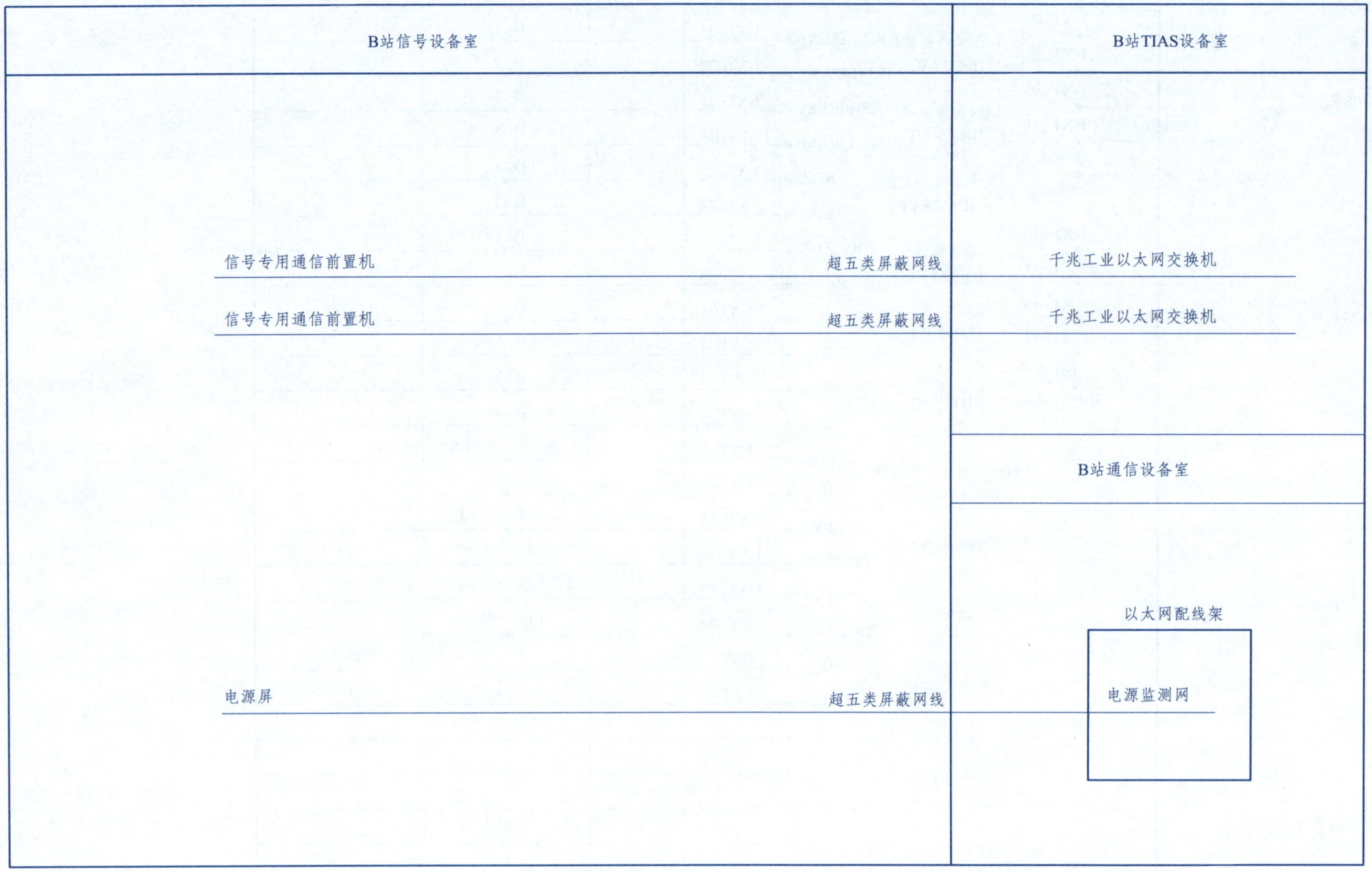

图41 B站机柜柜间信息配线图

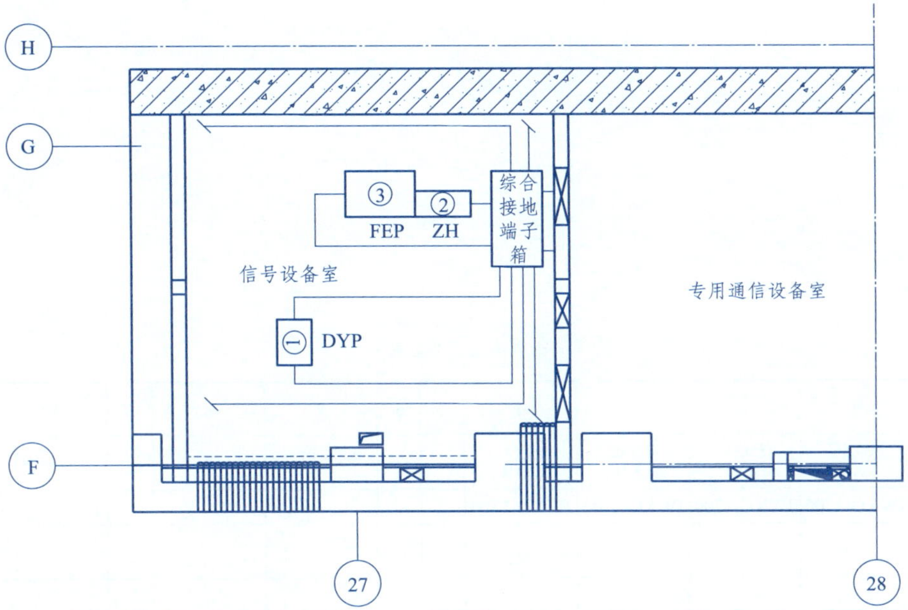

信号设备室弱电综合接地端子箱示意图

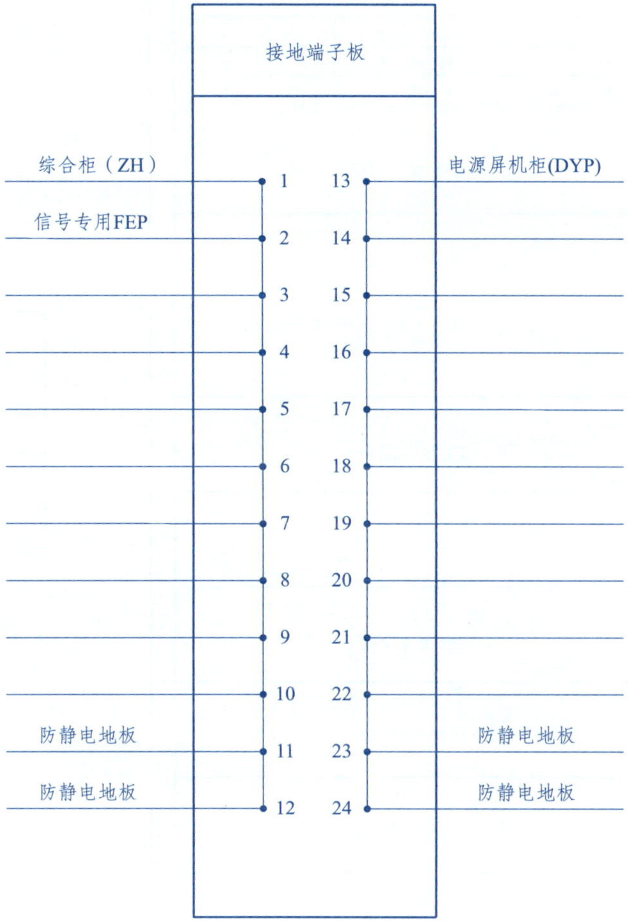

信号设备说明表

序号	设备名称	单位	数量
①	电源屏机柜(DYP)	台	1
②	综合柜（ZH）	台	1
③	信号专用FEP	套	1

说明：
1：图中“ ”表示接防静电地板支架。
2：本图中的接地线缆采用多股16 mm^2，综合接地端子箱采用50×5铜排，11—M10×30，13—M8×25。

图42　B站信号设备室内地线连接示意图

ZH

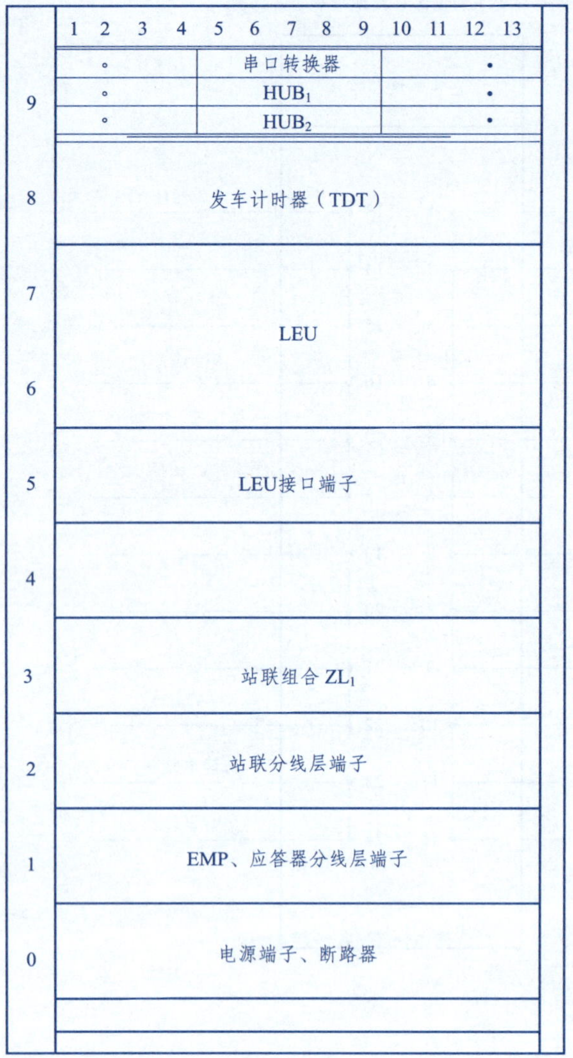

组合继电器类型表

位置	组合类型	零板	1	2	3	4	5	6	7	8	9	10	11
ZH-3	ZL_1		(B)XC LXJF	(B)XC DDJF	(B)SC LXJF	(B)SC DDJF						(B)RSBJ	
			JWXC-1700	JWXC-1700	JWXC-1700	JWXC-1700						JWXC-1700	

说明：柜内所有接地汇接至本柜的母接地汇流排后，连接至信号设备室内等电位接线板上。

图43　B站综合柜柜内布置图

ZH-0(电源端子、断路器)

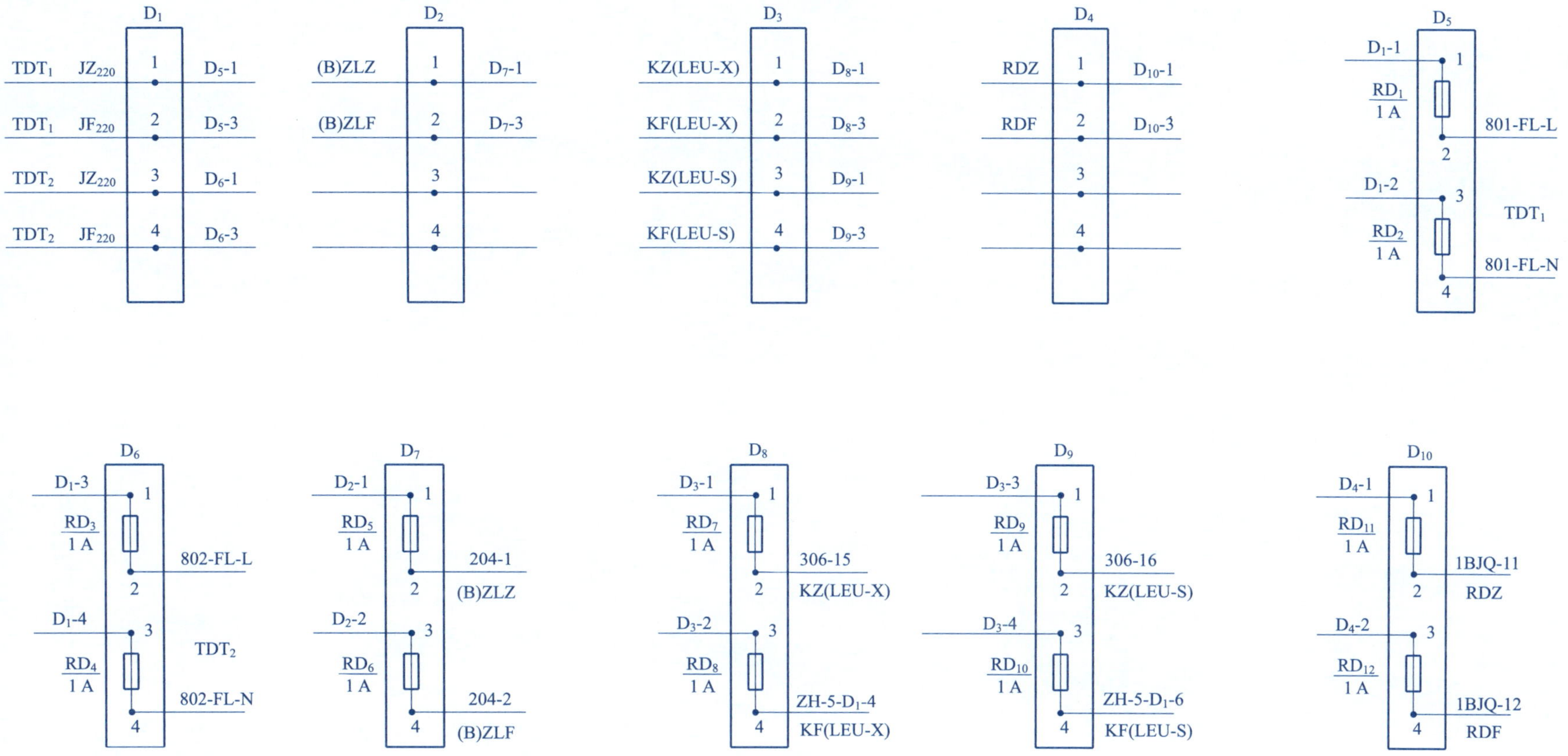

说明：
1.至电源屏间采用DWZR-YJY 型电源电缆，规格2×4 mm^2；零层内部配线规格型号：DWZR-BYR 1×7/0.52。
2.室外电缆钢带（铝护套）、屏蔽层采用室内单端接地，连接至本柜的母接地汇流排，连接至信号设备室内等电位接线板上。

图44 B站综合柜端子配线图（一）

ZH-5-D_1

接口板端子号	LEU码位名称	至综合柜端子	LEU主机端子
1			E10F Z_{2}
2			E10F D_{2}
3	(B)XC LXJF-Q	ZH-302-4	E10F Z_{4}
4	(B)XC LXJF-H	KF(LEU-X)	E10F D_{4}
5	(B)SC LXJF-Q	ZH-402-4	E10F Z_{8}
6	(B)SC LXJF-H	KF(LEU-S)	E10F D_{8}
7			E10F Z_{10}
8			E10F D_{10}
9			E10F Z_{14}
10			E10F D_{14}
11			E10F Z_{16}
12			E10F D_{16}
13			E10F Z_{20}
14			E10F D_{20}
15			E10F Z_{22}
16			E10F D_{22}
17			E10F Z_{26}
18			E10F D_{26}
19			E10F Z_{28}
20			E10F D_{28}
21			E11F Z_{2}
22			E11F D_{2}
23			E11F Z_{4}
24			E11F D_{4}
25			E11F Z_{8}
26			E11F D_{8}
27			E11F Z_{10}
28			E11F D_{10}
29			E11F Z_{14}
30			E11F D_{14}
31			E11F Z_{16}
32			E11F D_{16}
33			E11F Z_{20}
34			E11F D_{20}
35			E11F Z_{22}
36			E11F D_{22}
37			E11F Z_{26}
38			E11F D_{26}
39			E11F Z_{28}
40			E11F D_{28}

ZH-5-D_2

接口板端子号	LEU码位名称	至综合柜端子	LEU主机端子
1			
2			
3			
4			
5			
6			
7			E12F Z_{10}
8			E12F D_{10}
9			E12F Z_{14}
10			E12F D_{14}
11			E12F Z_{16}
12			E12F D_{16}
13			E12F Z_{20}
14			E12F D_{20}
15			E12F Z_{22}
16			E12F D_{22}
17			E12F Z_{26}
18			E12F D_{26}
19			E12F Z_{28}
20			E12F D_{28}
21			
22			
23			
24			
25			
26			
27			
28			
29			
30			
31			
32			
33			
34			
35			
36			
37			
38			
39			
40			

说明：

1.所有F24(A)、F24(B)、KZ-VRDA-Q、KZ-VRDB-Q、KF-VRDA-Q、KF-VRDB-Q电源在接口柜和组合架内必须分别环接，环线截面积不得小于1.5 mm^2。

2.电缆选用2根24芯信息电缆，输入端子每20位为一组，建议采用0.35~0.4 mm^2的多芯信号电缆，芯线外径为1.1~1.3 mm，电缆外护套直径不能大于11 mm。

3.接口电缆必须带屏蔽，施工时屏蔽线必须接地，接地阻值小于4 Ω。

图44　B站综合柜端子配线图（三）

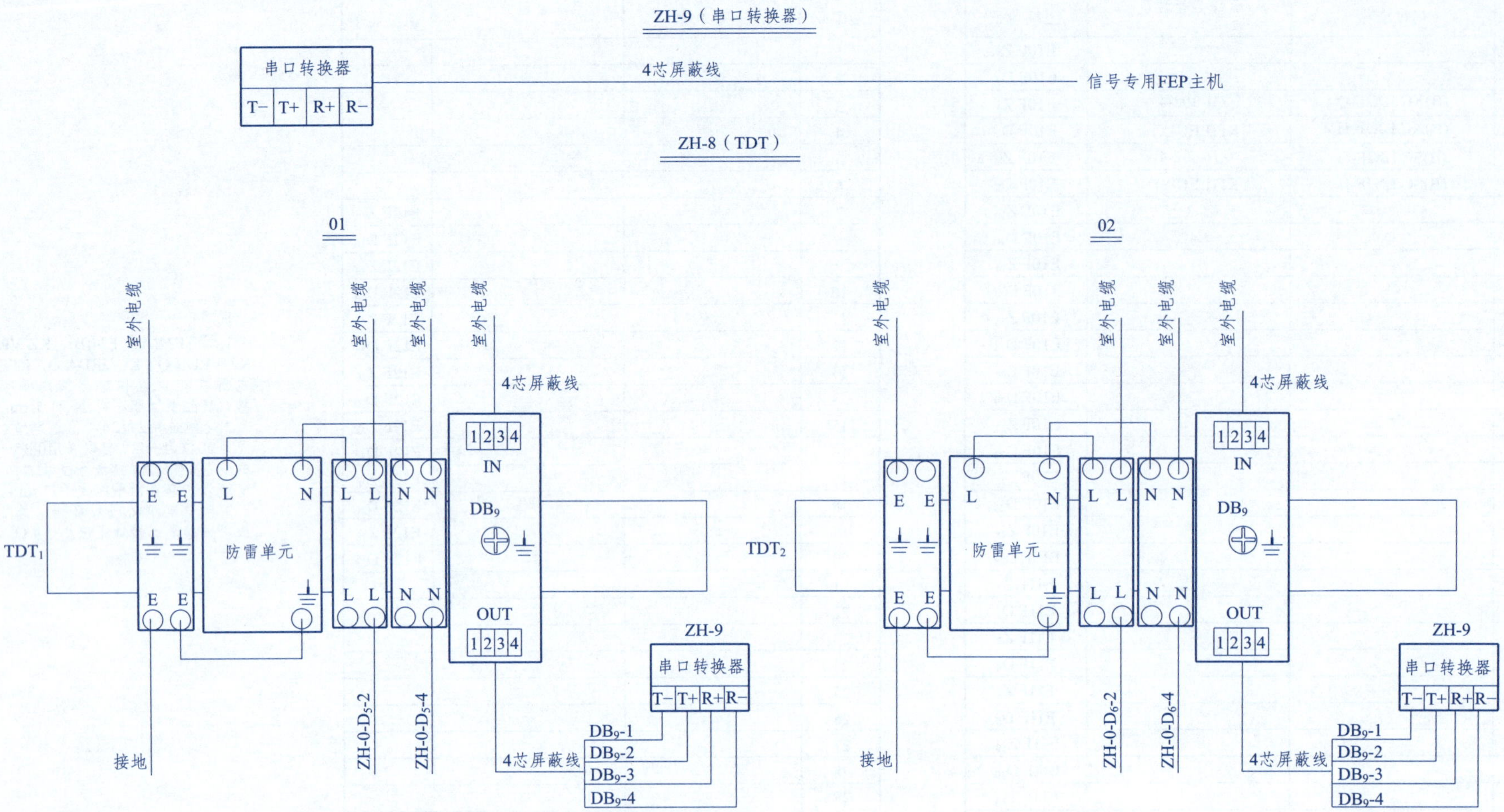

说明：

1.电源电缆型号为WDZC-RYY 3×1.5 mm^2；4芯屏蔽线采用WDZC-RYYP 4×1.0 mm^2。

2.防雷接地：采用1×4 mm^2接地线将TDT_1、TDT_2的防雷接地端子连接至本柜底部的接地汇流排。

图44　B站综合柜端子配线图（四）

注：因本图尺寸受开本限制，仅提供电子版供读者阅读学习。

图45　双线轨道及室外信号设备布置示意图（电子版）

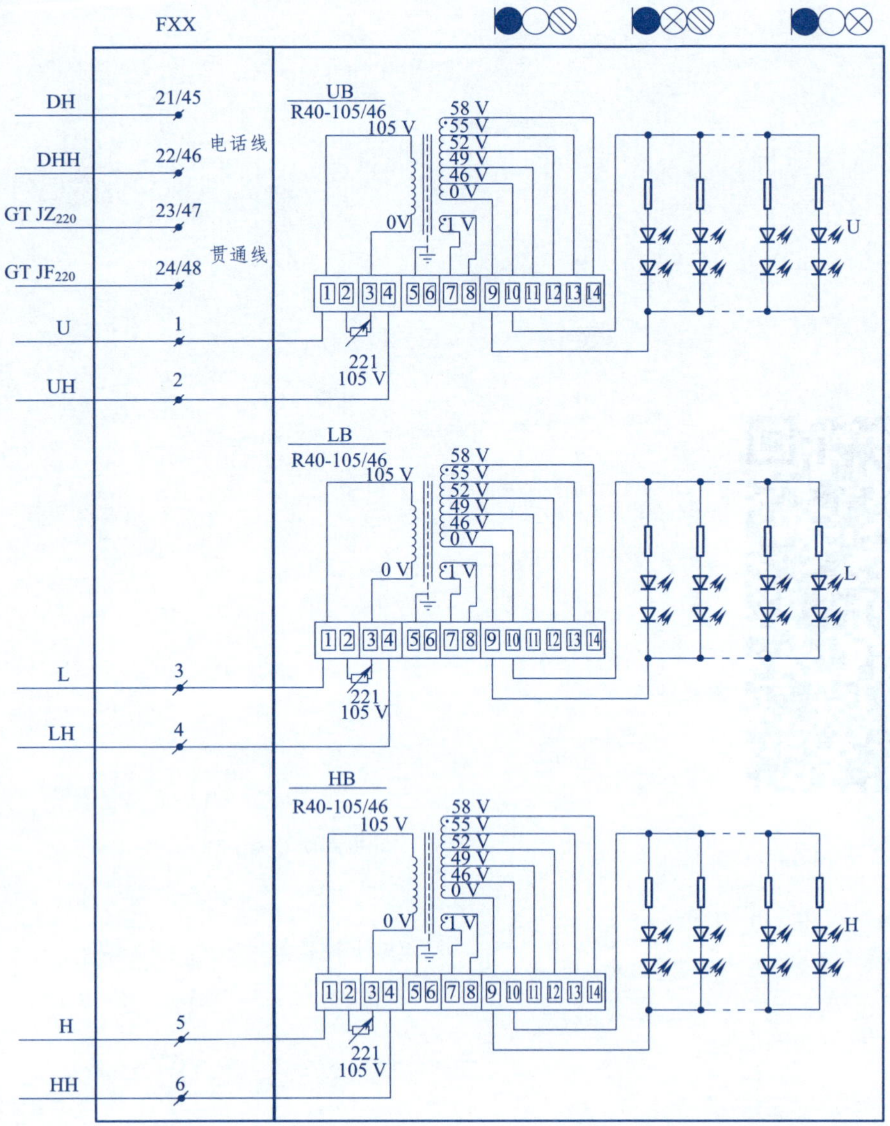

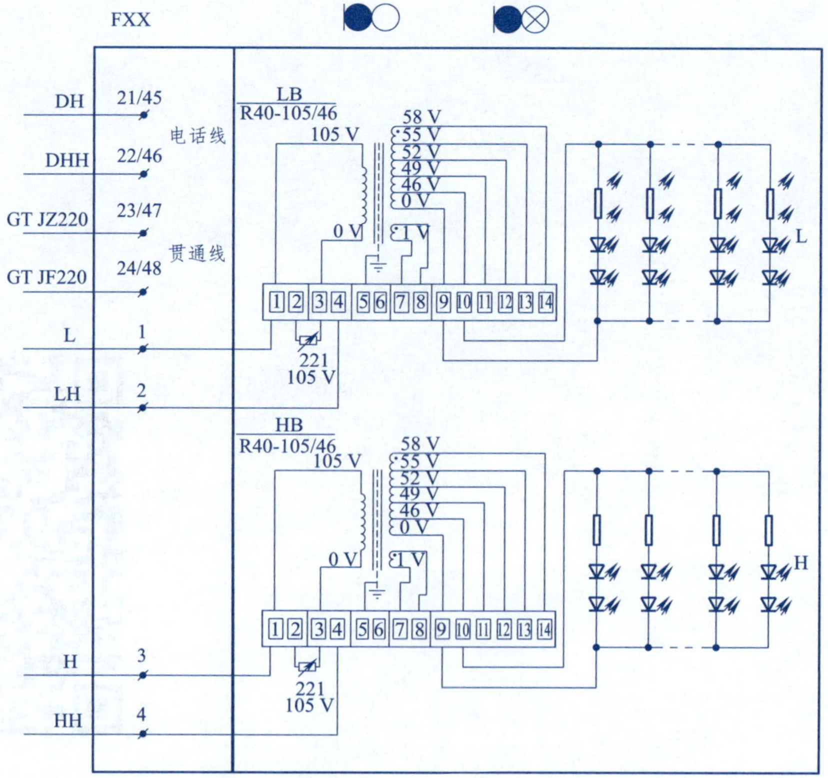

说明：

1.封闭的灯位不设点灯变压器。

2.本图适用于地下线路室外设备。

图46　信号机室外箱盒内部配线图

S700K型电动转辙机内部结配线图

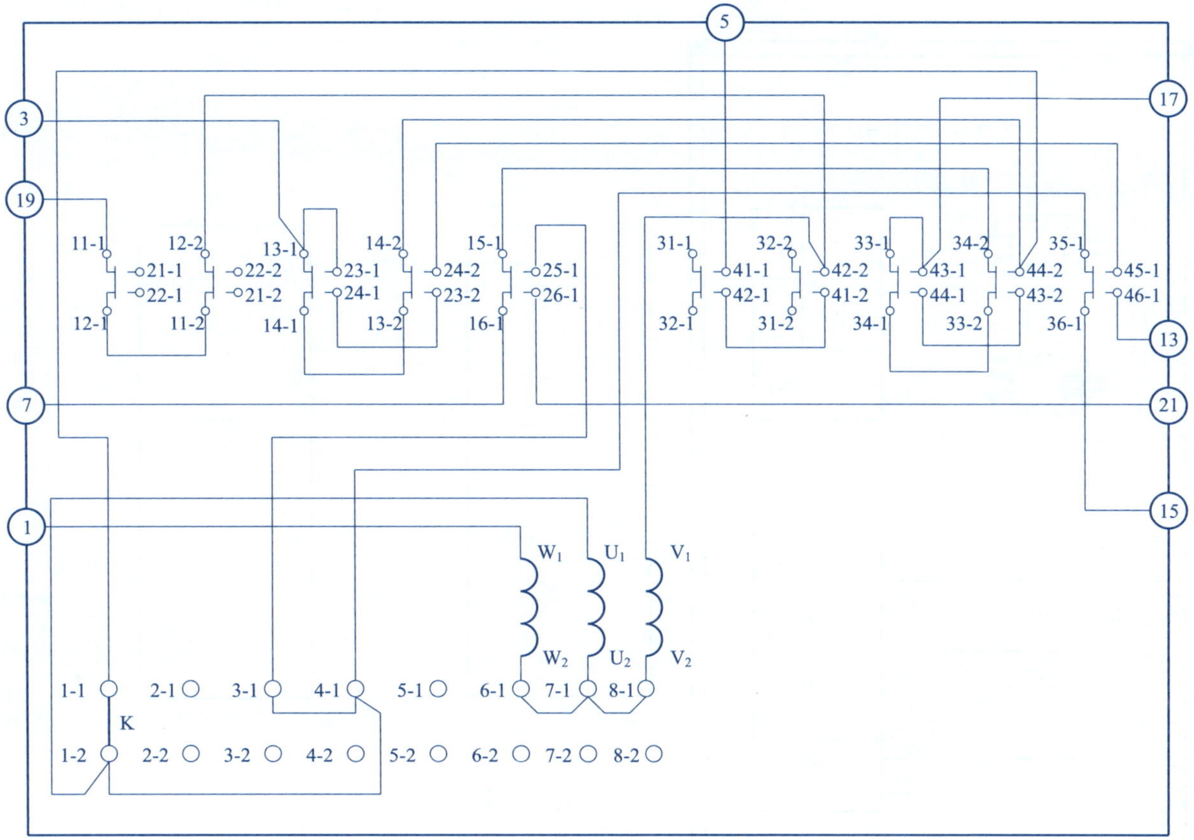

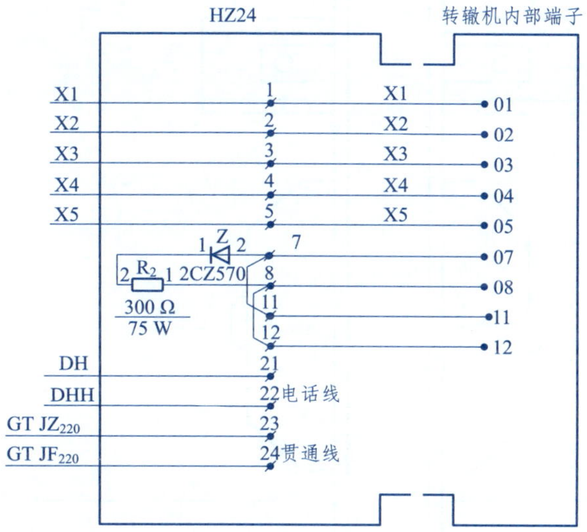

说明：

1.本图适用于三相交流电动转辙机双机牵引外锁辙叉道岔，第一牵引点和第二牵引点转辙机均采用S700K型。

2.道岔控制电路为五线制，尖轨（J_1）与尖轨（J_2）转辙机分设控制电路。

3.三相交流电动转辙机电缆单线芯数超过54 Ω需加芯,工作电流不大于2 A。

4.本图按照电动转辙机在定位时1、3排接点闭合设计，若转辙机在定位时2、4排接点闭合，需要做如下改变：

（1）X2与X3交叉，X4与X5交叉。

（2）现场二极管颠倒极性。

图47　转辙机室外箱盒内部配线图

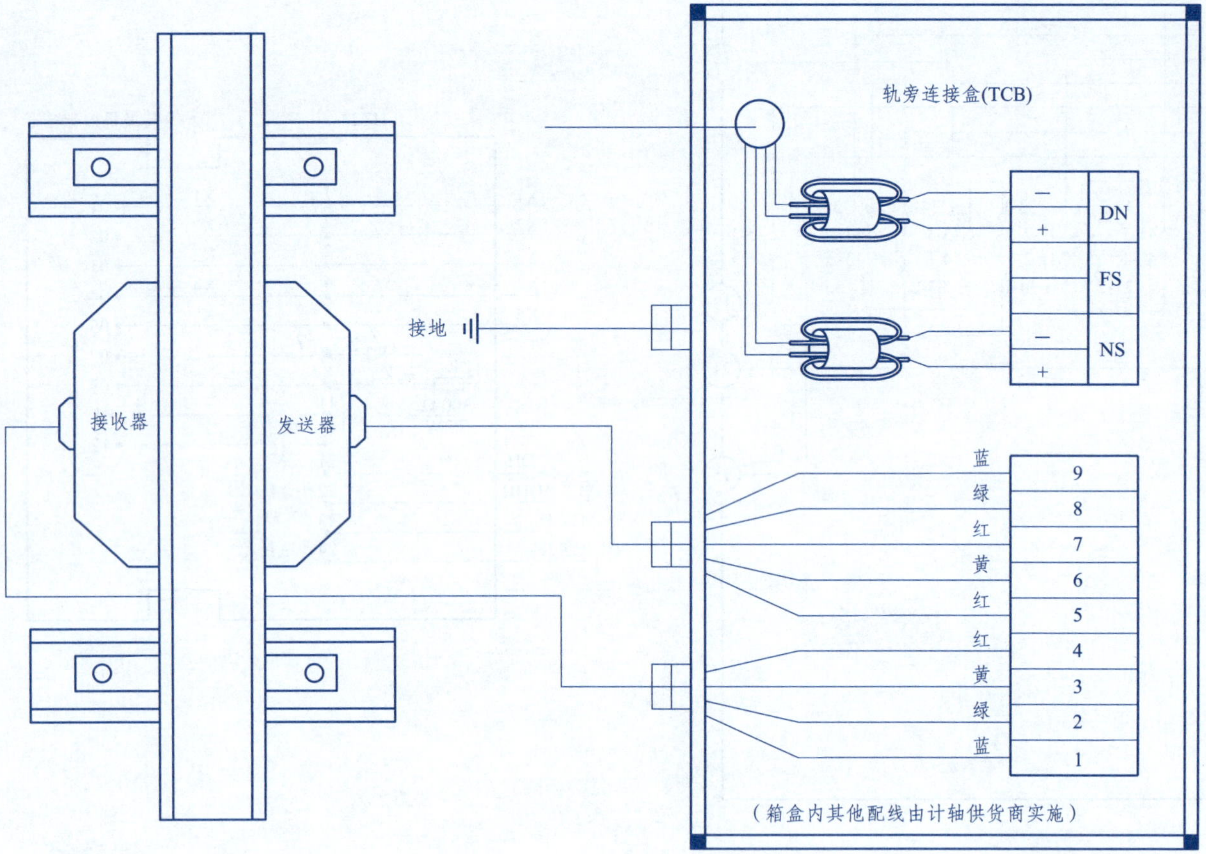

用于计轴的TCB箱盒内部连接示意图

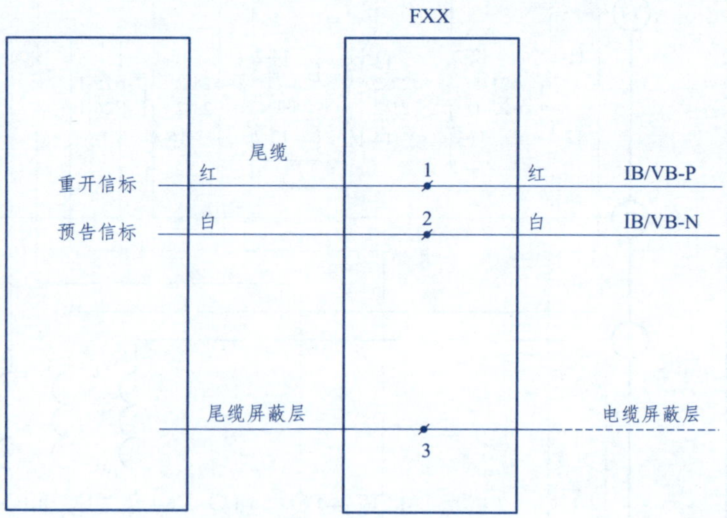

信标箱盒内部接线示意图

图48　计轴、信标室外箱盒内部配线图

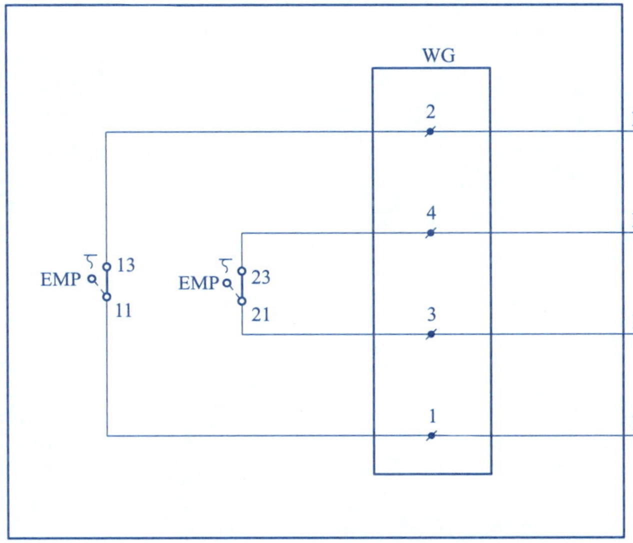

紧急关闭按钮盒内部接线示意图

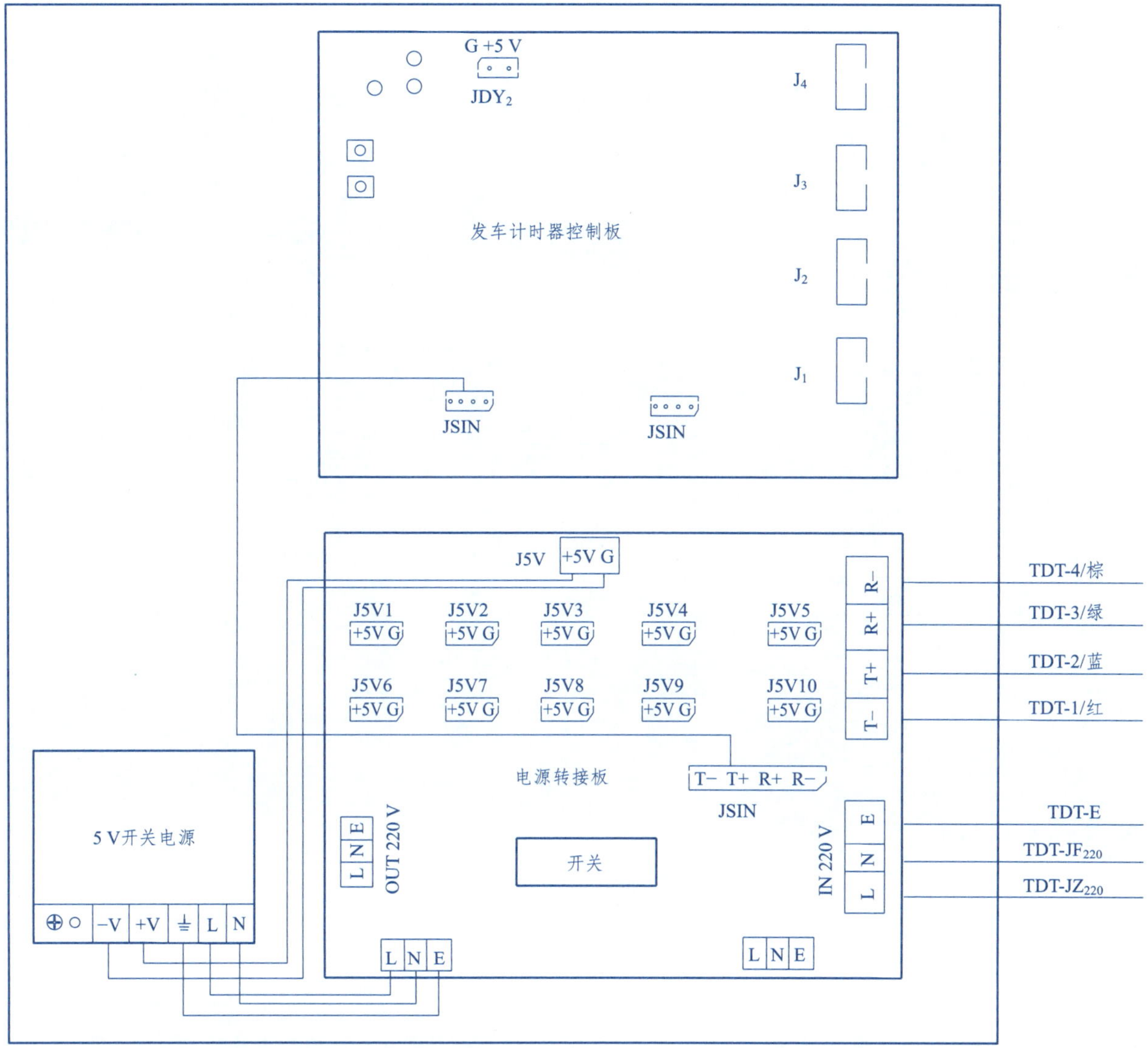

发车计时器（TDT）内部接线示意图

图49 紧急关闭、发车计时器室外箱盒内部配线图

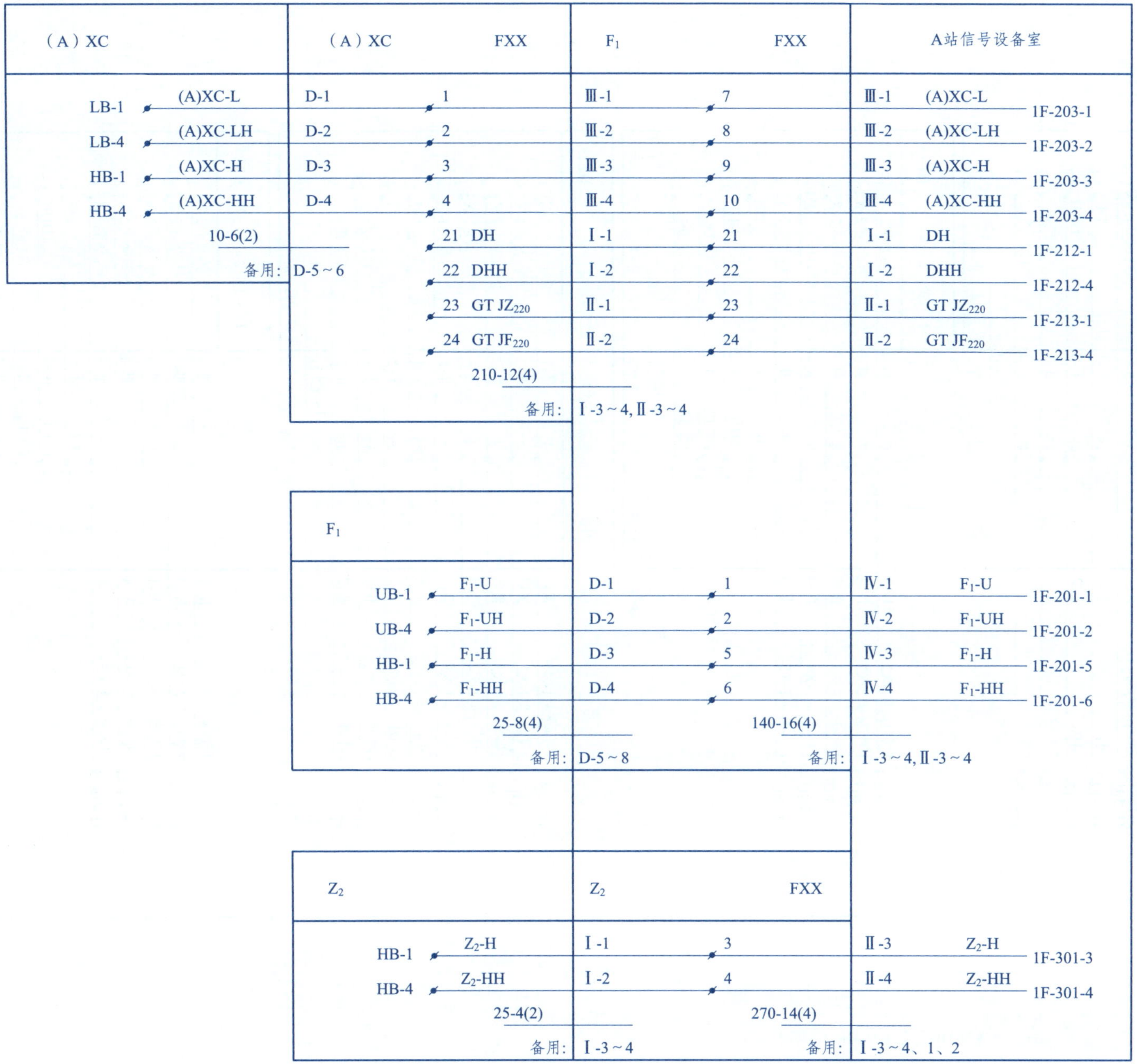

图51　信号机室外电缆配线图

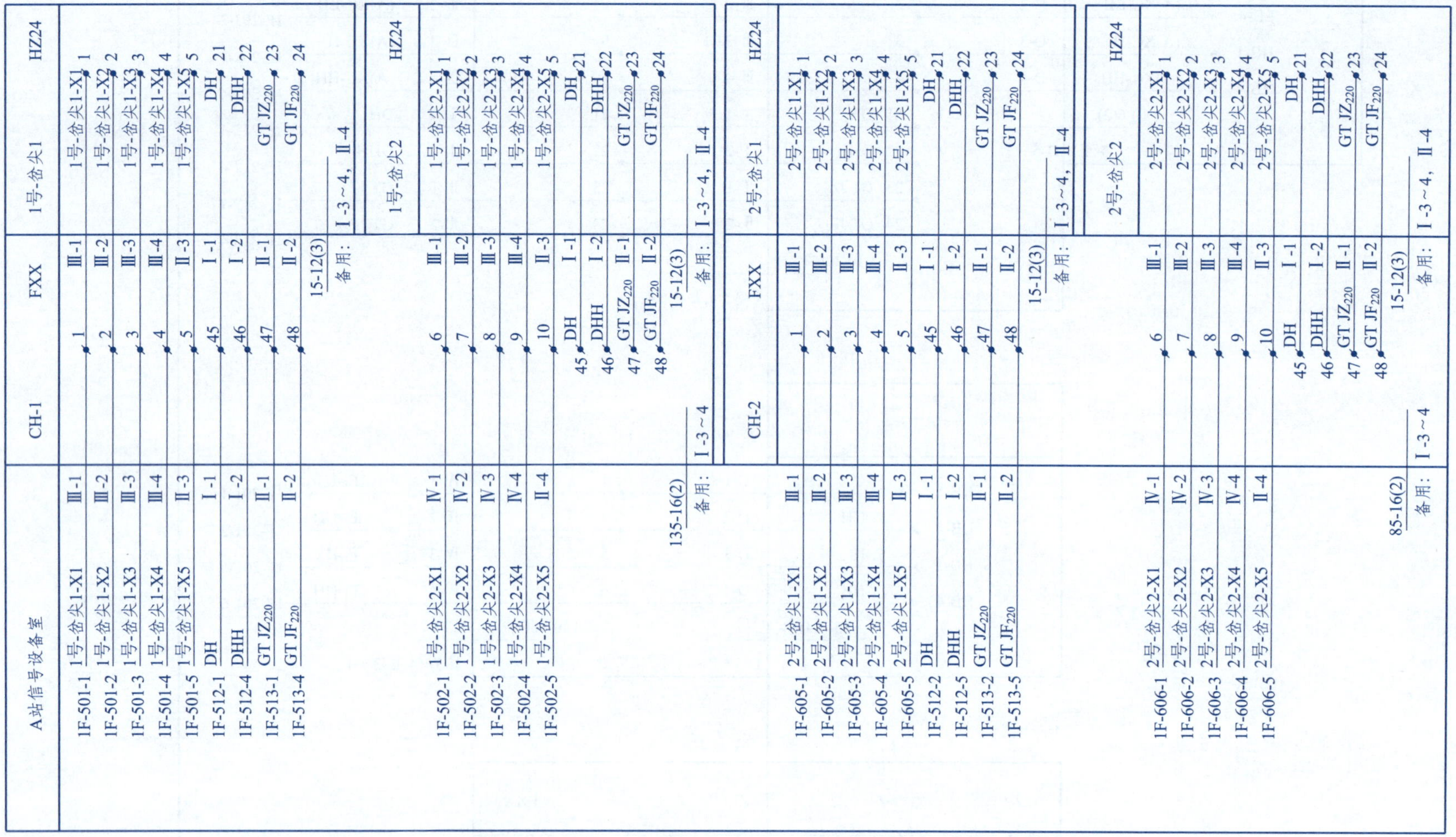

代号说明：
GT：贯通线;DH：电话线;DHH：电话回线。

图52　道岔室外电缆配线图

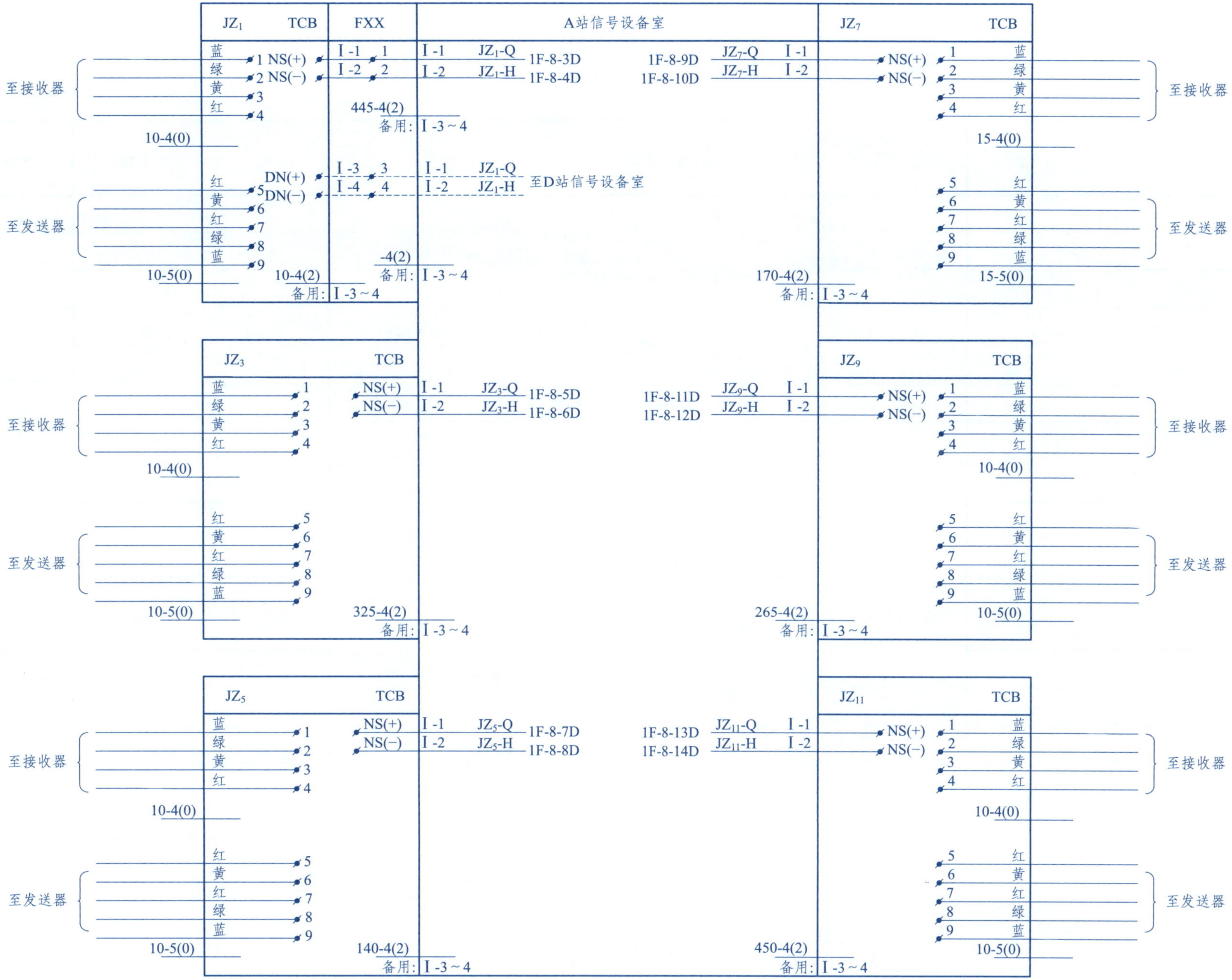

说明：(YL)JZ1、(YL)JZ2指与右邻联锁区分界处的计轴。

图53 计轴室外电缆配线图

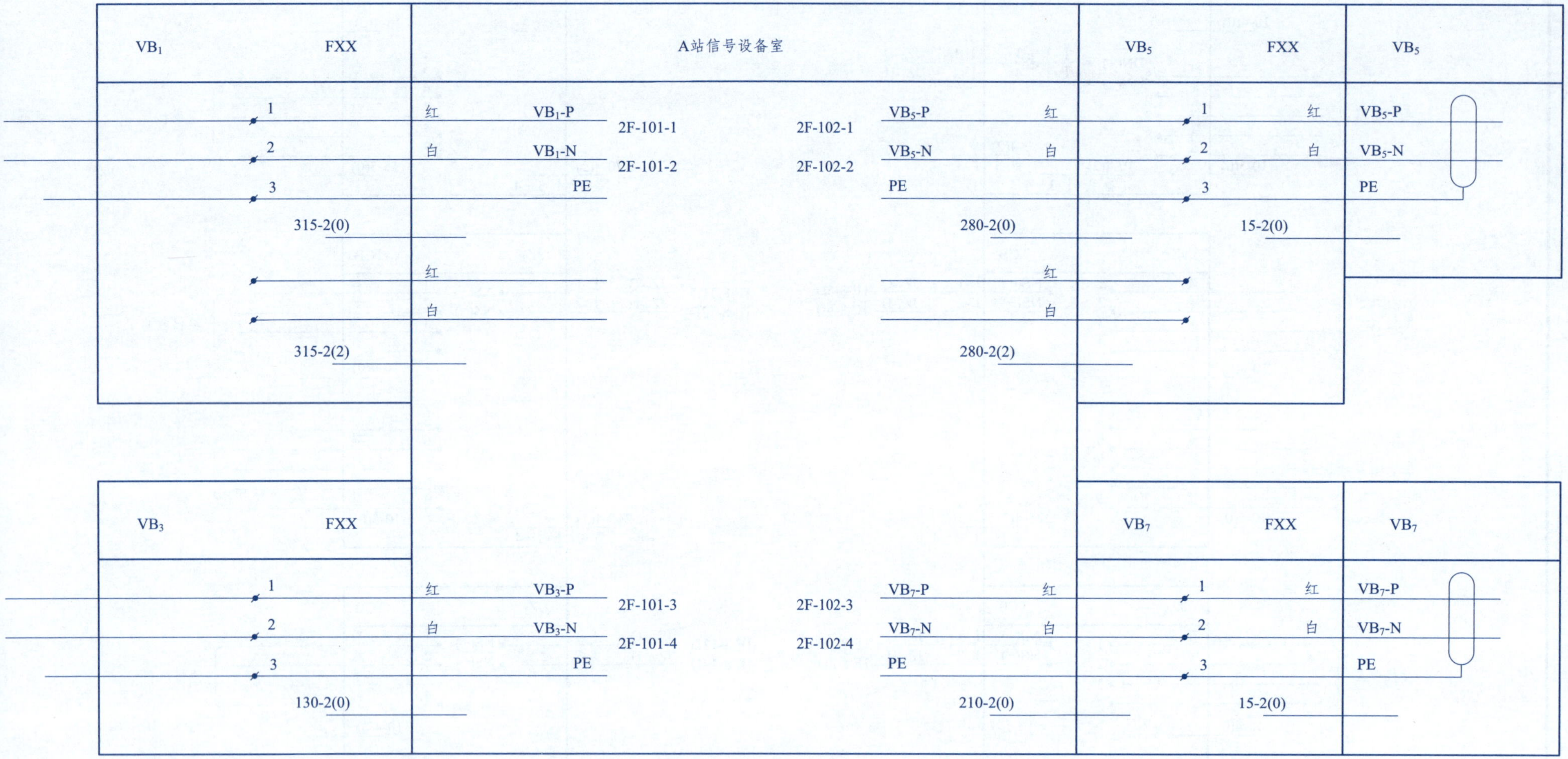

图54　应答器室外电缆配线图

A站信号设备室		A站安全门设备室(上行线)		
2F-504-5	AALZ(2)	Ⅰ-1	ALZ(2)	
2F-504-6	AALF(2)	Ⅰ-2	ALF(2)	
2F-504-1	SGMJ-12	Ⅰ-3	SGMJ-1	F-704-1
2F-504-2	SGMJ-22	Ⅰ-4	SGMJ-4	F-704-2
2F-504-3	SKMJ-12	Ⅱ-1	SKMJ-1	F-704-3
2F-504-4	SKMJ-22	Ⅱ-2	SKMJ-4	F-704-4
	80-12(6)			
	备用:	Ⅱ-3～4，Ⅲ-1～4		
2F-502-5	(A)MZ_2	Ⅰ-1	MZ_2	
2F-502-6	(A)MF_2	Ⅰ-2	MF_2	
2F-502-1	SMGJ-1	Ⅰ-3	SMGJ-12	F-702-1
2F-502-2	SMGJ-4	Ⅰ-4	SMGJ-22	F-702-2
2F-502-3	SMPLJ-1	Ⅱ-1	SMPLJ-12	F-702-3
2F-502-4	SMPLJ-4	Ⅱ-2	SMPLJ-22	F-702-4
	80-12(6)			
	备用:	Ⅱ-3～4，Ⅲ-1～4		
PSD_2				

A站信号设备室		B站安全门设备室(上行线)		
2F-508-5	BALZ(2)	Ⅰ-1	ALZ(2)	
2F-508-5	BALZ(2)	Ⅰ-2	ALZ(2)	
2F-508-6	BALF(2)	Ⅰ-3	ALF(2)	
2F-508-6	BALF(2)	Ⅰ-4	ALF(2)	
2F-508-1	SGMJ-12	Ⅱ-1	SGMJ-1	F-704-1
2F-508-1	SGMJ-12	Ⅱ-2	SGMJ-1	F-704-1
2F-508-2	SGMJ-22	Ⅱ-3	SGMJ-4	F-704-2
2F-508-2	SGMJ-22	Ⅱ-4	SGMJ-4	F-704-2
2F-508-3	SKMJ-12	Ⅲ-1	SKMJ-1	F-704-3
2F-508-3	SKMJ-12	Ⅲ-2	SKMJ-1	F-704-3
2F-508-4	SKMJ-22	Ⅲ-3	SKMJ-4	F-704-4
2F-508-4	SKMJ-22	Ⅲ-4	SKMJ-4	F-704-4
	4740-16(4)			
	备用:	Ⅳ-1～4		
2F-506-5	(B)MZ_2	Ⅰ-1	MZ_2	
2F-506-6	(B)MF_2	Ⅰ-2	MF_2	
2F-506-1	SMGJ-1	Ⅰ-3	SMGJ-12	F-702-1
2F-506-2	SMGJ-4	Ⅰ-4	SMGJ-22	F-702-2
2F-506-3	SMPLJ-1	Ⅱ-1	SMPLJ-12	F-702-3
2F-506-4	SMPLJ-4	Ⅱ-2	SMPLJ-22	F-702-4
	4740-12(6)			
PSD_2	备用:	Ⅱ-3～4，Ⅲ-1～4		

图55　安全门室外电缆配线图

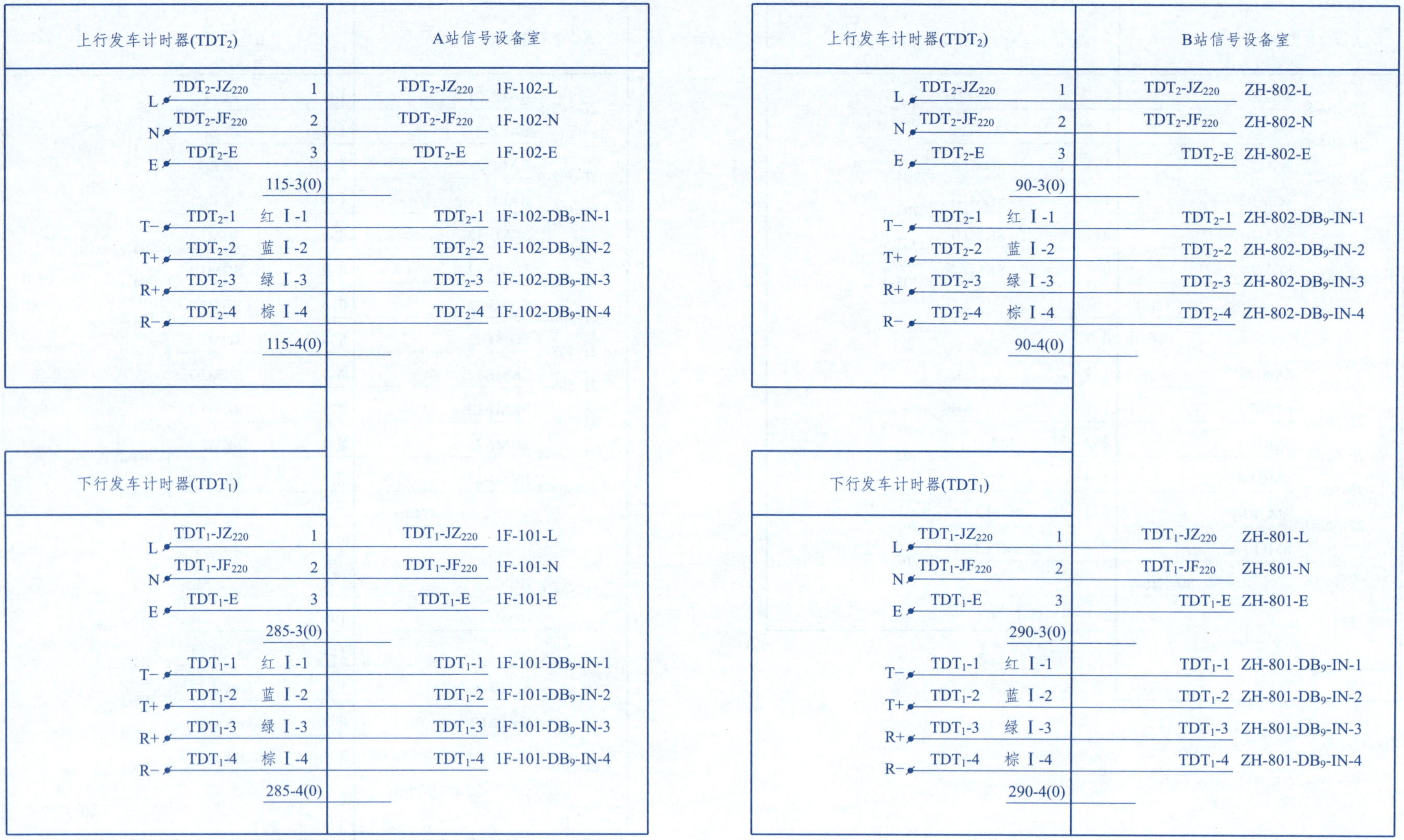

C站TDT室外配线同B站。

图56　TDT室外电缆配线图

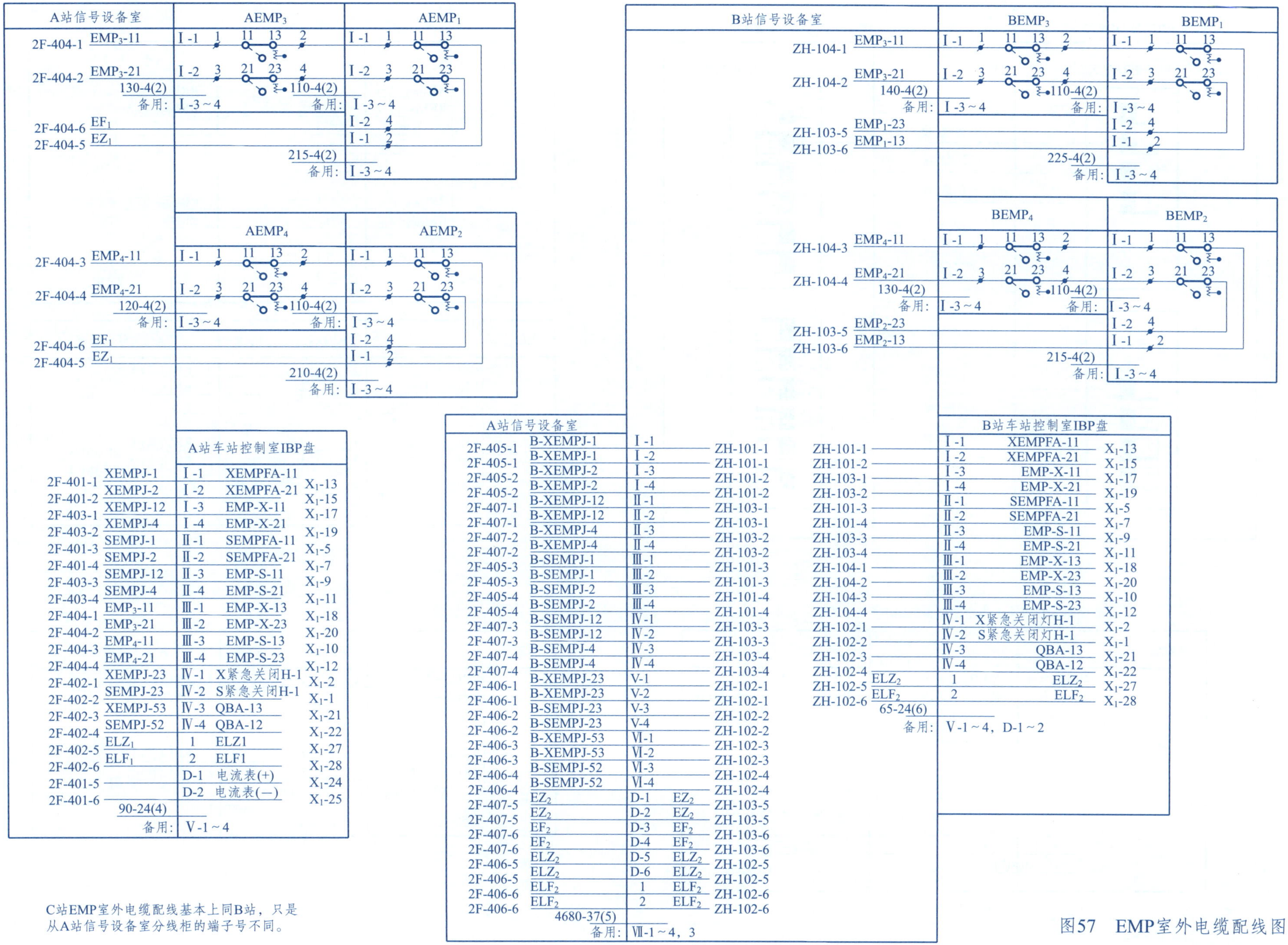

C站EMP室外电缆配线基本上同B站，只是从A站信号设备室分线柜的端子号不同。

图57　EMP室外电缆配线图

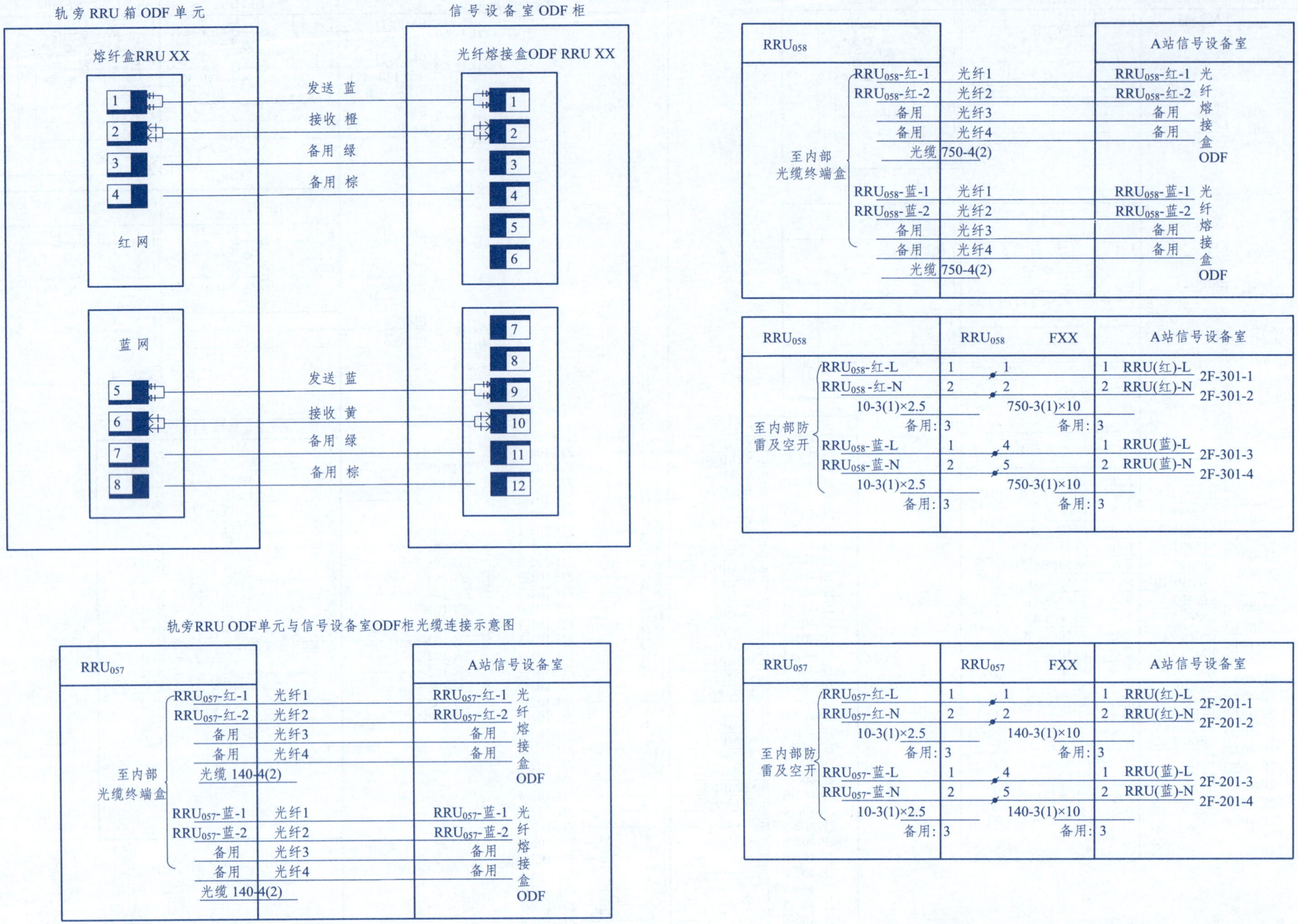

图58 RRU室外光、电缆配线图

A站信号设备室			B站信号设备室		
2F-601-1	(B)ZLZ	Ⅱ-1	Ⅱ-1	(B)ZLZ	ZH-204-1
2F-601-3	(B)ZLF	Ⅱ-2	Ⅱ-2	(B)ZLF	ZH-204-2
2F-602-1	(B)XC LXJ-72	Ⅲ-1	Ⅳ-1	(B)XC LXJF-1	ZH-201-1
2F-602-2	(B)XC LXJ-82	Ⅲ-2	Ⅳ-2	(B)XC LXJF-4	ZH-201-2
2F-602-3	(B)XC DDJ-72	Ⅲ-3	Ⅳ-3	(B)XC DDJF-1	ZH-202-3
2F-602-4	(B)XC DDJ-82	Ⅲ-4	Ⅳ-4	(B)XC DDJF-4	ZH-202-4
		Ⅴ-1	Ⅴ-1		
		Ⅴ-2	Ⅴ-2		
		Ⅴ-3	Ⅴ-3		
		Ⅴ-4	Ⅴ-4		
		Ⅵ-1	Ⅵ-1		
		Ⅵ-2	Ⅵ-2		
		Ⅵ-3	Ⅵ-3		
		Ⅵ-4	Ⅵ-4		
		Ⅶ-1	Ⅶ-1		
		Ⅶ-2	Ⅶ-2		
		Ⅶ-3	Ⅶ-3		
		Ⅶ-4	Ⅶ-4		
2F-612-1	DH	Ⅰ-1	Ⅰ-1	DH	ZH-212-1
2F-612-4	DHH	Ⅰ-2	Ⅰ-2	DHH	ZH-212-2
		4760-28(4)			
ZL_1		备用:	Ⅰ-3～4, Ⅱ-3～4		

A站信号设备室			B站信号设备室		
2F-603-3	(B)SC LXJ-72	Ⅰ-1	Ⅰ-1	(B)SC LXJF-1	ZH-202-1
2F-603-4	(B)SC LXJ-82	Ⅰ-2	Ⅰ-2	(B)SC LXJF-4	ZH-202-2
2F-603-5	(B)SC DDJ-72	Ⅰ-3	Ⅰ-3	(B)SC DDJF-1	ZH-202-3
2F-603-6	(B)SC DDJ-82	Ⅰ-4	Ⅰ-4	(B)SC DDJF-4	ZH-202-4
		Ⅲ-1	Ⅲ-1		
		Ⅲ-2	Ⅲ-2		
		Ⅲ-3	Ⅲ-3		
		Ⅲ-4	Ⅲ-4		
		D-1	D-1		
		D-2	D-2		
		1	1		
		2	2		
2F-604-3	(A)ZLZ	Ⅱ-1	Ⅱ-1	(A)ZLZ	ZH-205-1
2F-604-4	(A)ZLF	Ⅱ-2	Ⅱ-2	(A)ZLF	ZH-205-3
2F-604-5	(B)RSBJF-1	Ⅱ-3	Ⅱ-3	RSBJ-1	ZH-205-2
2F-604-6	(B)RSBJF-4	Ⅱ-4	Ⅱ-4	RSBJ-4	ZH-205-4
		4680-24(4)			
ZL_2		备用:	Ⅴ-1～4		

C站LEU室外电缆配线同B站。

图59　LEU室外电缆配线图

中英(缩略语)对照表

缩写	全　称	缩写	全　称
ATO	列车自动运行	LEU	轨旁电子单元
ATP	列车自动防护	MMI	人机界面
ATS	列车自动监控	MTIB	动态初始化信标
CI	计算机联锁	ODF	光纤配线架
DCS	数据通信系统	PSD	安全门
DRB	无人自动折返按钮	RB	无源信标
EMP	紧急关闭按钮	SDM	联锁维护工作台
HMI	车站控制人机界面	TDT	发车计时器
IB	预告信标	RRU	无线接入点（射频拉远单元）
IBP	综合后备盘	VB	有源信标
LATS	车站ATS分机		

名称代号对照表

缩写	全　称	缩写	全　称
(C)FZX	出站兼防护信号组合	MZ	安全门正电源
CZQX	出站阻挡区间信号组合	QBA	切断报警按钮
CT	道岔组合	RDF	断路器报警负电源
DBQ	断相保护器	RDZ	断路器报警正电源
DJZ	道岔表示正电源	SEMPFA	上行紧急关闭复原按钮
DJF	道岔表示负电源	TDF	道岔辅助组合
DY	电源组合	XEMPFA	下行紧急关闭复原按钮
DYP	电源屏	XJF	信号点灯负电源
EF	紧急关闭负电源	XJZ	信号点灯正电源
EZ	紧急关闭正电源	ZFF	自动折返按钮负电源
ELF	紧急关闭联系负电源	ZFZ	自动折返按钮正电源
ELZ	紧急关闭联系正电源	ZFDF	自动折返点灯负电源
FWJ	计轴复位继电器组合	ZFDZ	自动折返点灯正电源
FCZQX	防护出站区间信号组合	ZL	站间联系组合
GJ	轨道继电器组合	ZLF	站间联系负电源
JZ	计轴磁头	ZLZ	站间联系正电源
MF	安全门负电源		

继电器名称对照表

缩写	全　称	缩写	全　称
BHJ	道岔保护继电器	GMJ	安全门关门继电器
DDJ	点灯继电器	KMJ	安全门开门继电器
DDJF	点灯复示继电器	LXJ	列车信号继电器
DSBJ	灯丝报警继电器	LXJF	列车信号复示继电器
DCJ	道岔定位操纵继电器	MGJ	安全门关好继电器
DCQDJ	道岔启动继电器	MPLJ	安全门门偏继电器
DQJF	道岔启动复示继电器	QDJ	切断继电器
DBJ	道岔定位表示继电器	RSBJ	断路器断丝报警继电器
DJ	灯丝继电器	RSBJF	断路器断丝报警复示继电器
2DJ	第二灯丝继电器	SYSA	联锁系统电源A
DBQ	断相保护器	SYSB	联锁系统电源B
1DQJ	一道岔启动继电器	YXJ	引导信号继电器
1DQJF	一道岔启动复示继电器	ZBHJ	道岔总保护继电器
2DQJ	二道岔启动继电器	ZDBJ	道岔总定位表示继电器
EMPJ	站台紧急关闭继电器	ZFBJ	道岔总反位表示继电器
FCJ	道岔反位操纵继电器	ZDBJF	道岔总定位表示复示继电器
FBJ	道岔反位表示继电器	ZFBJF	道岔总反位表示复示继电器
FWJ	计轴区段复位继电器	ZFAJ	自动折返按钮继电器
GJ	轨道继电器	ZXJ	正线继电器

图60　缩略语、名称代号对照表